AF550550

Bettina Büx

Die REGULUS-Botschaften

Bettina Büx

Die REGULUS Botschaften

Band VII

Wichtiger Hinweis

Die Autorin dieses Buches gibt weder medizinische Ratschläge noch empfiehlt sie den Gebrauch irgendwelcher Techniken zur Behandlung physischer oder psychischer Probleme. Ihre Absicht ist lediglich, generelle Informationen zur Verfügung zu stellen, um Sie bei Ihrer Suche nach geistigem und emotionalem Wohlbefinden zu unterstützen. Jede Anwendung dieser Informationen geschieht auf eigene Verantwortung. Die Informationen des Buches sind nach bestem Wissen und Gewissen dargestellt. Sowohl die Autorin als auch der Verlag übernehmen dennoch keinerlei Haftung für Schäden irgendwelcher Art, die direkt oder indirekt aus der Anwendung der Angaben in diesem Buch entstehen.

Bei möglichen unterschiedlichen Schreibweisen wurde die von der Duden-Redaktion empfohlene Schreibvariante verwendet.

1. Auflage August 2020

Gesamtherstellung: Diana Schulz
Coverfoto: dreamstime©Vitaliy Smolygin
Autorenfoto: ©PM Studios, Pfingstmann & Mayer
Lektorat: Angelika Funk
Druck und Bindung: CPI books GmbH, Leck
ISBN: 978-3-96442-033-6

www.echnaton-verlag.de

Mit einem herzlichen Dankeschön
für seine geistreiche Inspiration und
tatkräftige Unterstützung widme ich
dieses Buch meinem geschätzten Freund
Reini Hilgers.

Liebe ist ...

... Gott und Gott ist Liebe. Liebe ist gänzlich offenbar und dennoch gänzlich Geheimnis.

Liebe ist der Stoff, aus dem alles gemacht ist, was jemals nach ihr fragen kann und gleichwohl das größtmögliche aller Mysterien. Sie genügt sich selbst vollkommen und ist dennoch in ewiger Ausdehnung begriffen.

Liebe ist nicht teilbar. Sie gibt sich ganz und gar hinweg und bleibt indes ganz und gar bei sich selbst.

Liebe ist wahrhaft wunderbar, denn sie ist selbst das Wunder. Sie ist die unendliche Faszination des Göttlichen von sich selbst. Sie ist der Kniefall des Schöpfers vor seinem eigenen Spiegelbild. Sie ist die ewige und einzige Antwort Gottes auf seine Frage nach sich selbst. Sie ist die Wahrnehmung von Vollkommenheit.

Liebe ist die heilige Selbstwahrnehmung Gottes.

Regulus

Inhalt

Vorwort

Nur selten gelingt es einem Autor, ein Werk über die Liebe, den Bewusstseinsweg, die Verbindung zu Gott und das Leben zu schreiben, das auf vielerlei Weise berührt, wunderbar geschrieben ist, hilfreiches Wissen beinhaltet und darüber hinaus den Lesenden derart verzaubert, dass aus seiner Seele ein »Ja-so-ist-Es« entströmt aufgrund der Schönheit und Klarheit der Worte.

Ein solches Werk ist die von Bettina Büx geschaffene Buchreihe, von der nun der siebte Band vorliegt. Eigentlich aber kommt der Text, und das ist ein weiteres Wunder, von einer Wesenheit namens Regulus, die Bettina diese Texte übermittelt. Gechanneltes Wissen also, und damit Vertreter einer meiner Ansicht unterschätzten Literaturgattung, deren geheimnisvolle Autoren Wesenheiten aus anderen Dimensionen sind, die mit den jeweiligen Menschen zusammen diese Texte erschaffen.

So entstanden Klassiker der spirituellen Literatur. Neben einigen Hauptwerken der Religionen – denn ja, deren Autoren beteuerten oft, ihre Texte ebenfalls aus anderen Ebenen erhalten zu haben – zählen dazu meiner Meinung nach auch die Bücher von: Seth (Jane Roberts), Kryon (Lee Caroll), Die Quelle (Varda Hasselmann) und: Regulus!

In jedem Regulus-Buch finden sich mehr als ein Dutzend Sätze für die Ewigkeit, Formulierungen, die in ihrer Schönheit, Schlichtheit und ihrem Tiefgang den Leser an die wahren Werte des Lebens erinnern. So wie hier: *»Liebe ist allzeit* *und immer Liebe, oder aber, sie ist es nie gewesen. Liebe ruht niemals, das braucht sie nicht, ist sie doch die einzige sich aus sich selbst heraus erneuernde Energie.«*

Die Bücher trösten, helfen der fragenden Seele, ermutigen, erheben – und lockern zur rechten Zeit mit einer kleinen Pointe auf. Zugleich sind sie wahre Freunde für den spirituell Suchenden, weil sie seinen Geist auf eine intellektuelle, berührende und originelle Weise begleiten. Nicht ohne Grund wird immer wieder mal aus *Ein Kurs in Wundern* zitiert, einem weiteren Klassiker der spirituellen Literatur. Während dieser aber ein hoch komplexes Werk ist mit Paragraphen, Übungen und langsamen Hinführungen zu einem Weg der Hingabe, scheint Regulus eine neue Sprache für eine neue Zeit gefunden zu haben, die manchmal nur in Andeutungen und Nebensätzen dem Suchenden Futter und Anregung bietet für seinen weiteren Weg.

Die Autorin Bettina Büx, eine Frau mitten im Leben, bescheiden und dem Leben dankbar, äußert sich selbst immer wieder erstaunt und bewundernd über diese Worte und Betrachtungen, deren Hebamme sie ist, als wäre sie nur Zeugin. Es ist das Mysterium der gechannelten Literatur, dass man nie so genau sagen kann, wer da nun schreibt: das Leben, Gott, die Wesenheit oder Wesensgruppe Regulus? Oder aber Bettina Büx selbst, aufgrund derer wunderbaren Sprachbegabung, inneren Weisheit und ihrem Sinn für Humor dieses kleine Wunder überhaupt erst möglich geworden ist.

Aber vielleicht muss man das auch gar nicht definieren, so wie Regulus uns stets daran erinnert, dass all die detaillierten Beschreibungen der Seele, der Gefühle, der Ebenen der Persönlichkeit oder des Höheren Selbst nur Versuche sind, ein gemeinsames Gefüge zu beschreiben, das verstandesmäßig nur schwer zu fassen und auf einer anderen Ebene eins ist.

Zugleich erinnert uns Regulus immer wieder daran, uns ganz dem Leben hier und jetzt, dem Zauber des Augenblicks zu öffnen. Das ist, so Regulus, ganz einfach, wenn wir lernen, der Liebe Platz eins in unserem Leben zu gönnen, denn: *»Mit grenzenloser Liebe sieht Dein Schöpfer Dich an und Er kann nichts als Liebe erblicken, denn nichts anderes ward je geschaffen. Es kann keine andere Wahrheit über Dich geben, denn Du bist Geist von seinem Geiste und nach seinem Bilde geschaffen. Willst Du wissen, was ein Gemälde aussagt, dann frage den Maler. Willst Du wissen, was die Dinge sind, dann frage den, der sie schuf.«*

Thomas Schmelzer
Experte für moderne Spiritualität

Einleitung

Liebe Leserin, lieber Leser, ein jeder Mensch auf Erden sucht sein Glück zu finden, so auch Sie und ich. Wenn dem nicht so wäre, dann würden Sie diese nunmehr 7. Botschaften von Regulus nicht in Händen halten. Tatsächlich ist Glückszugewinn die mächtigste Triebfeder in jedes Menschen Leben.

Wie Regulus uns lehrt, ist dieses ersehnte Glück ausschließlich und ausnahmslos in der Liebe zu finden. Damals, als er mich erstmalig zum Diktat von Band I berief, war ich mir der tiefen Wahrheit seiner Worte nur bedingt bewusst. Heute – viele Buchdiktate später – denke ich, dass es wohl kaum einen Menschen auf Erden gibt, der sich über die unermessliche Tragweite und alles entscheidende Bedeutung der Liebe im Klaren ist, denn sie übersteigen jedes menschliche Fassungsvermögen.

Dieser 7. Band ist das Buch vom Glück und so kann es also auch hier nur um Liebe und um nichts als Liebe gehen. Auf meine bange Frage zu Diktatbeginn, was es denn nach 6 Bänden noch alles über die Liebe zu sagen gäbe, antwortete Regulus: »Wir könnten alle Bibliotheken dieser Welt mit Büchern über die Liebe füllen, wir würden ihr in keiner Weise gerecht, es wäre nichts gesagt.« Letztlich kann die Bedeutung der Liebe niemals gelehrt werden, dies betont auch der *Kurs in Wundern*, den Regulus so gerne zitiert. Liebe kann nur erfahren werden und wen sie einmal gepackt hat, den lässt sie nie wieder los.

Die Bedeutung der Liebe kann niemals gelehrt werden. Warum ich es dennoch unaufhörlich versuche, ist mir selbst ein unerklärliches Rätsel. Dies ist und bleibt wohl eines der großen Geheimnisse der Liebe selbst.

Ihre Bettina Büx

1. Teil

Vom Liebreiz der Liebe

Anmut

Mein lieber Freund, meine liebe Freundin, Liebe ist schön! Wir wiederholen es gerne, damit es Dir bis auf den Bodengrund Deines Herzens sinken möge: Liebe ist schön. Liebe ist unermesslich schön!

Tatsächlich beruht alle Schönheit, derer Du gewahr werden kannst, auf Liebe. Wie wir wissen, ist Liebe die Wahrnehmung von Vollkommenheit. Und so kannst Du in allem, was Du mit den Augen der Liebe ansiehst, die ihm innewohnende Schönheit erblicken, die ein gottgegebenes Attribut der gesamten Schöpfung ist. Über diese sehend machende Befähigung der Liebe sprachen wir des Öfteren an anderen Stellen.

Hier geht es nun um einen anderen Aspekt der Liebe, nämlich um die Schönheit der Liebe selbst. Wie die der Liebe innewohnende Süße und ihr Feuer, so ist auch die ihr inhärente Anmut letztlich jenseits des Beschreibbaren. Der Liebreiz eines liebenden Herzens entzieht sich dessen, was uns in Worte zu fassen möglich ist. Mag die Anmut der Liebe unter irdischen Bedingungen auch mit dem Auge nur bedingt sichtbar sein, mit Euren Herzen könnt Ihr sie sehen. Nichts ist der Anmut zweier im Gleichklang schwingender Seelen vergleichbar. Oh, Ihr Lieben, könntet Ihr Euch doch nur mit den Augen der Liebe wahrnehmen, mit unseren Augen, mit den Augen des Schöpfers von allem, was da ist! Eure Verzückung wäre grenzenlos.

Wie wir wissen, ist die Liebe die größte Macht in der Schöpfung. Und im Grunde und in Wahrheit ist sie die einzige. Die Macht der Liebe ist unbegrenzt – im wahrsten Sinne des Wortes. Wir wissen, dass Liebe Dualität aushebelt und dimensionsübergreifend ist, in Band VI unserer Botschaften sprachen wir davon. Sie ist allgegenwärtig, denn nichts kann es jemals geben, kein ›Ort‹ kann jemals sein, an dem Alles-was-Ist nicht wäre. Und so überwinden die Wirkungen der Liebe Zeit und Raum und jede denkbare Hürde mit spielerischer Leichtigkeit.

Die Übermittlung dieser Botschaften legt sichtbares und greifbares Zeugnis davon ab. Die Selbstverständlichkeit, mit der die Liebe dazu in der Lage ist, ringt auch uns immer noch und immer wieder tiefe Ehrfurcht und sprachlose Anbetung ab. *(Anm. der Verfasserin: An dieser Stelle legt Regulus einen Augenblick tiefer Ergriffenheit ein, einen Moment stiller Verehrung.)*

Liebe ist der ›schwerwiegendste‹, weil machtvollste aller Seinszustände. Dennoch ist sie leicht wie eine Flaumfeder, leicht, sanft und unendlich zart. Liebe ist von beispielloser, leichtfüßiger Eleganz, wie sie nur der Liebe zu eigen ist. Dies bedarf der Erläuterung: Liebe ist vollkommen mühelos! Dieser Mühelosigkeit liegt ihre samtweiche Leichtigkeit zugrunde. Liebe geschieht, Liebe ist. Sie kann weder provoziert noch in irgendeiner Weise ›hergestellt‹ werden. Sich ewig speisend und erneuernd aus den Tiefen des Göttlichen, ist sie in unendlicher Ausdehnung begriffen. Hier hat die Liebe ihr Sein: ewig, göttlich und unantastbar. Liebe ist immer und überall. Sie ist allgegenwärtig. Und so ist sie in ihrer unvorstellbaren Gewichtigkeit doch ebenso vollkommen schwerelos. Was immer es an Schwere geben kann, das muss schlussendlich an der ureigenen Essenz der Liebe vorbeigehen.

Auch wir werden nimmer müde, das grenzenlose Mysterium der Liebe zu ergründen und zu erforschen. Die Liebe erkunden bedeutet, Gott selbst zu erforschen und zu suchen. Liebe ist Gott und Gott ist Liebe. Die anmutige Schönheit Gottes ist der Schönheit der Liebe gleich und hier versagen alle Worte. Und so ist es denn auch mit allem und jedem: Liebe ist Schönheit, nur Liebe ist Schönheit – ausschließlich. Liebe macht schön! Schönheit ist immer und ausnahmslos eine Frage des Liebesbewusstseins.

Wenn Ihr Euch Eure Welt anseht, Eure schöne Erde mit all ihren Geschenken und Segnungen, dann könnt Ihr einen Hauch dieser Schönheit erhaschen. Das feine, kunstvoll gewebte Gespinst einer kleinen Spinne, die tänzelnde Eleganz eines edlen Pferdes, das lustvolle Spiel des Windes in einer prachtvollen Baumkrone, der erhabene Segelflug eines stolzen Greifvogels, das geheimnisvolle Lichtspiel in einem morgendlichen Tautropfen: All dies legt Zeugnis ab von der Anmut der Liebe, die aller Schöpfung zugrunde liegt. Und all dies geschieht vollkommen mühelos! Liebe ist der tiefste Wesenskern von allem, was da geschaffen ist, der Urstoff alles Wirklichen. Liebe, Leben, Gott, die Begriffe bezeichnen ein und dasselbe und sind beliebig austauschbar – des Öfteren verwiesen wir darauf. Und so steht die anmutige Grazie des Lebens selbst und als solches immer im Verhältnis zur Liebe, die gelebt wird.

Liebe wird da und dort gelebt, wo sie wahrgenommen wird, sowohl in sich selbst als auch im anderen und in allem, was da ist. Sie will erkannt, sie will erschaut sein! Vollkommen unaufdringlich ist sie einfach da und harrt dem, der bereit und willens ist, sie zu erkennen. Wir sagten es bereits: Liebe ist drängend. Wie das Leben selbst, so ist sie frei geschenkt und wartet darauf, freudig angenommen und ergriffen zu werden. In der Liebe reicht Gott selbst uns die Hände und führt uns ins gelobte Land. Der Weg zurück in Deine ewige himmlische Heimat führt über die Liebe und nur hier kann er gefunden werden – immer und ausnahmslos – für Dich, für uns, für die ganze Schöpfung.

Die Schönheit der Liebe, ihre göttliche Anmut, ist letztlich für alles und für jeden von unwiderstehlicher Anziehung, denn die Unschuld der Liebe ist wahrhaft grenzenlos. Liebe ist Unschuld und wie wir in Band I unserer Botschaften gesehen haben, kann nichts je weiter vom illusionären Konzept der Schuld entfernt sein als die Liebe selbst. In dem Maße, in dem Du Dich auf die wahre Essenz Deiner Seele besinnst und Dich zurückerinnerst an den Stoff, aus dem Du gemacht bist, kannst Du zum Bewusstsein Deiner gottgegebenen, natürlichen Unschuld erwachen. Hier – und nur hier – erkennst Du schließlich die wundervolle Anmut Deines eigenen Seins, so, wie Dein Schöpfer sie Dir dereinst schenkte und verlieh, am Anbeginn aller Tage.

»Die Anmut ist der Widerschein der Liebe
auf dem Grunde der Reinheit.«
Jules Michelet

Süße

Meine liebe Freundin, mein lieber Freund, wo es bei der Anmut um ein ›optisches‹ Attribut der Liebe ging, da geht es bei ihrer Süße um ein ›geschmackliches‹.

Euch allen dürfte klar sein, dass wir hier in Bildern und Metaphern sprechen und sprechen müssen, wenn wir das Unbeschreibliche beschreiben und das Unfassbare greifen wollen. Wenden wir uns also nun dem ›Aroma der Liebe‹ zu – zugegeben, ein verwegenes Unterfangen! *(Anm. der Verfasserin: Scherzhaft gesagt.)*

Jeder Mensch, der liebt, weiß um diesen süßen Nektar, der einzig in der Lage ist, Leben zu spenden und einzuhauchen. Wenn wir von der Süße der Liebe berichten, dann sprechen wir über den wohl sinnlichsten Aspekt der Liebe. Liebe ist süß! Sie ist deshalb süß, weil sie vollkommen harmlos ist. Und genau hier liegt das Geheimnis ihrer unvergleichlichen Süße begründet. Dies bedarf der weiteren Ausführung und an dieser Stelle ziehen wir das Wörterbuch zurate, das den Begriff ›Harm‹ mit einem zehrenden, großen innerlichen Schmerz, mit Kummer und Gram beschreibt. Liebe ist harmlos! Niemals, nie und nimmer, kann sie Leid hervorbringen, mag der irdische Anschein auch noch so sehr trügen. Die Dinge sind oftmals nicht das, was sie scheinen, und unter irdischen Bedingungen, die der Dualität unterworfen sind, schon gar nicht. Liebe ist Glück und so kann sie ewig nur Glück zeitigen, denn nichts anderes kann sie jemals wollen. Liebe will das Glück des anderen und nichts als sein Glück.

Das, was ist, das belässt sie in seinem Sosein und so ist jede Art von Bloßstellung der Liebe völlig fremd. Da Liebe die Wahrnehmung von Vollkommenheit ist, will sie nichts verändern – sie behütet, beschützt und bewahrt. So vereint sie absolute Anspruchslosigkeit mit dem höchsten Anspruch, den es geben kann. So vollkommen wie sie selbst, ist es die Liebe ebenso in ihrer Diskretion. Liebe ist unbedingt diskret, denn sie lässt dem Selbst wie auch dem anderen die gottgegebene, heilige und unantastbare Würde des eigenen Soseins. Von vollkommenem Taktgefühl durchdrungen, ist sie niemals invasiv. Liebe kommt immer ›auf Zehenspitzen‹ daher, mit unvorstellbarer Sanftmut und Umsicht streichelt sie die Seele, die eigene, wie auch die des Geliebten. Was könnte jemals süßer sein?

Der Nährwert der Liebe ist wahrlich vortrefflich und unübertroffen und so stimmt es in einem sehr realen und konkreten Sinne, wenn wir sagen, dass nur Liebe Nahrung ist, denn ohne Liebe kann nichts sein. Liebe ist ›das Brot des Lebens‹. Du brauchst das, was Du bist, und so nährt und erhält Dich unser aller Schöpfer mit der Essenz seines eigenen Seins, die auch die Deine ist. Das ist die Liebe, wie sie sich ganz und gar hinweg gibt und gleichwohl gänzlich bei sich selbst bleibt.

Über die Wahrhaftigkeit der Liebe sprachen wir bereits in Band IV unserer Botschaften. Hier begegnet sie uns nun erneut, wenn auch in anderem Zusammenhang. Liebe ist die Wahrnehmung von Vollkommenheit – wir werden nimmer müde, es zu betonen. Warum liegt uns dies so sehr am Herzen? Nun, Ihr Lieben, in einer Welt, die allen Ernstes behauptet, Liebe mache blind, kann diese ewige Wahrheit gar nicht oft genug wiederholt und betont werden, denn größer und schwerwiegender kann eine Wahrnehmungsverzerrung kaum sein. Liebe ist die Wahrnehmung von Vollkommenheit! Anders ausgedrückt bedeutet dies, dass nur Liebe in der Lage ist, den anderen wie auch sich selbst so zu sehen und wahrzunehmen, wie Gott sie schuf und somit, wie sie sind.

Alles, was Du ohne Liebe ansiehst, das magst Du mit physischen Augen sehen, doch eine der göttlichen Wirklichkeit entsprechende Wahrnehmung *(Anm. der Verfasserin: man beachte die der Sprache innewohnende Weisheit!)* ist ohne Liebe allzeit unmöglich.

Das, was Ihr gemeinhin als Idealisierung bezeichnet, hat mit Liebe nichts zu tun und entspringt den Forderungen des menschlichen Ego. Liebe, wahre Liebe, braucht keine Idealisierung! Warum auch? Wohin sie sich auch drehen und wenden mag, sie kann nur Vollkommenheit erblicken. Liebe liegt jenseits jeder Idealisierung und geht doch auch weit darüber hinaus. Sie ist die Wahrnehmung der Wirklichkeit. Idealisierung mag immer blind machen, Liebe tut es nie. Liebe macht sehend und im Grunde und in Wahrheit hat einzig die Liebe Augen. Alles andere sind Trugbilder des Ego, gegeben, Dir die Augen zu öffnen. Und hier schließt sich der Kreis und wir sind wieder bei der Wahrhaftigkeit der Liebe, von der vorhin die Rede war.

Wer einmal vom süßen Nektar wahrer Liebe gekostet hat, der kann nie wieder von ihm lassen, denn der Ruf Gottes ist allzeit unwiderstehlich. Ihr seht, dass auch wir den unermesslichen Liebreiz der Liebe in all seinen Aspekten, ob in seiner Anmut, seiner Süße oder in seinem Feuer, auf das wir des Weiteren zu sprechen kommen, nur umschreiben und nicht letztgültig begründen können. In Band VI unserer

Botschaften gingen wir auf die Tatsache ein, dass die Liebe sich letztlich aller Worte entzieht. Liebe kann nicht erklärt, sie kann nur erschaut werden. Sie ist weit jenseits dessen, was mit den Möglichkeiten jedweder Sprache vermittelt werden kann. Und so können wir uns dem Göttlichen in uns, dem Göttlichen in allem, immer nur annähern. Doch das soll Dich nicht schrecken und entmutigen, denn, um es in den weisen Worten des Graham Greene zu sagen: »Wer Gott sucht, hat ihn bereits gefunden.«

Liebe ist immer und überall und der Schöpfer treibt kein qualvolles Versteckspiel mit seinen geliebten Kindern. Die Liebe, das größtmögliche aller Mysterien, bleibt letztlich das süße Geheimnis Gottes, das auch das Deine ist.

»Du kannst die Liebe nicht berühren.
Du fühlst aber ihre Süße, die auf alles tropft.«
Anne Sullivan

Feuer

Mein lieber Freund, meine liebe Freundin, kommen wir nun zum Feuer der Liebe und somit zu ihrem ›sensorischen‹ Aspekt. Wie die Liebe selbst, so ist auch das Feuer das mysteriöseste der Euch bekannten Elemente. Dennoch ist es in gewisser Weise der ›greifbarste‹ Aspekt der hier genannten. Dies aus gutem Grunde, denn wenn Ihr liebt, dann liebt Ihr mit allen Sinnen.

Nichts ist der Sanftmut und der Achtsamkeit der Liebe vergleichbar, dennoch ist sie von unerreichter Stoßkraft. Ihre Wirkungen sind göttlichen Ursprungs und daher unermesslich in ihrer Macht. Wie das Feuer, dieses seltsam faszinierende Element, so ist auch die Liebe hochgradig verzehrend. Liebe verzehrt alles, was nicht wirklich ist. Sie zehrt und fegt es einfach hinweg durch die pure Macht ihrer Anwesenheit und sie tut es mit unvorstellbarer Leichtigkeit und anmutiger Eleganz. Liebe verzehrt alles Unwirkliche, gerade so, als sei es nie gewesen. Dies bedarf der näheren Betrachtung.

Wie wir wissen, ist nur Liebe wirklich, nichts anderes kann es jemals geben, das da Wirklichkeitsgehalt hätte, denn Gott ist Liebe und nichts als Liebe. Und so hat Er auch nichts als Liebe hervorgebracht. Wie wir ebenfalls wissen, ist Angst nichts anderes als die mangelnde Wahrnehmung der göttlichen Liebes-Allgegenwart. Was, wenn nicht Angst, könnte also von der Liebe verzehrt und hinweggefegt werden? Die Liebe enttarnt die Angst als das, was sie ist: nichts als Illusion, Fehlwahrnehmung und somit Irrtum über Dich selbst.

Weil Liebe in ewiger Ausdehnung begriffen ist, will sie sich ständig mehren, das ist ihre Natur und das Geheimnis der nie endenden Evolution. Liebe ist ein Feuer, das niemals erlischt und somit der Garant ewigen Lebens. Hier, in ihrem Feuer, zeigt sich der Liebreiz der Liebe erneut in seiner ganzen prachtvollen Schönheit.

Wir sagten Euch, Liebe ist schön. Wir sagten Euch, Liebe ist süß. Und nun sagen wir Euch, Liebe ist brennend. Liebe ist leidenschaftlich. Fasziniert von sich selbst, ist die Liebe ewig lodernd, sie endet nie. In ihrem Feuer zeigt sich die Liebe von ihrer tätigen, rührigen Seite, die keine Auszeiten kennt. Liebe ist allzeit und immer Liebe oder aber sie ist es nie gewesen. Liebe ruht niemals, das braucht sie nicht, ist sie doch die einzige, sich aus sich selbst heraus erneuernde Energie. Liebe ist allgegenwärtig, es gibt nichts anderes, nichts was da Wirklichkeitsgehalt hätte. Und so kann es für die Liebe kein ›Außen‹ geben. Was aber kein Außen kennt, das speist sich aus sich selbst heraus.

Das Feuer der Liebe nährt sich aus seiner ureigenen Natur. Liebe ist die pure Verheißung. Liebe ist verheißungsvoll, sie kann und darf das – und nur sie –, denn nur die Liebe ist in der Lage, das Versprechen unverbrüchlicher ewiger Treue zu halten. Da sie sich ständig mehrt, steigert sie auch das Glück, das immer und unfehlbar mit ihr einhergeht und ihr auf dem Fuße folgt. Liebe verheißt Glück und dieses Glück ist von keinem Geringeren als vom Schöpfer selbst verbürgt. Was, wenn nicht vollkommene Glückseligkeit könnte unser aller liebender Vater wollen und bezwecken?

Liebe ist Widerspruch! Sie widerspricht allem, was nicht sie selbst ist, und enttarnt somit jegliche Angst und deren Ausgeburten wie Egoismus, Eifersucht, Missgunst, Habgier oder Zorn. Im Angesicht und Feuer wahrer Liebe werden sie sich nicht lange halten können und entschwinden schließlich ins Reich der Illusionen und damit in das Nichts, aus dem sie einst hervorkrochen. Das ist das Feuer der Liebe, das jeden Schmerz auszulöschen vermag und jeden Irrtum berichtigt. Was bleibt, ist Liebe – und nichts als Liebe. Sie ist die schöpferischste Macht im Universum und im Grunde und in Wahrheit die einzig schaffende. Sie schafft und erschafft sich dabei ständig neu, dennoch bleibt sie sich selbst ewig vollkommen gleich. Was wäre der Vollkommenheit hinzuzufügen? Die dem Feuer der Liebe innewohnende Schönheit ist so unübersehbar wie unwiderstehlich.

Liebe ist wagemutig! Sie gibt sich einfach hinweg, ohne Wenn und Aber. In gewissem Sinne könnte man sagen, wahre Liebe ist wie ein Nichtschwimmer, der ohne zu zögern in unbekanntes Gewässer springt. Weil Liebe alles wagt, riskiert sie nichts. Wo ist das Risiko? Was könnte es zu verlieren geben für den, der nichts will?

Liebe will nichts, Liebe hat nichts, Liebe ist alles. Sie lebt von dem unermüdlichen Bestreben, sich zu verschenken, denn nur dadurch kann Liebe sich erschauen. Um bei der Metapher unseres wagemutigen Nichtschwimmers zu bleiben: Was wird ihm im Wasser widerfahren? Im Sprung erkennt er sich selbst als das, was er wirklich ist. Er wird schwimmen wie ein Fisch, denn Wasser ist sein Element und ist es immer schon gewesen. Liebe kennt keine ›Zukunft‹, nie weiß sie, ›wie es weitergeht‹, und das muss sie nicht kümmern, denn ewig sie selbst seiend, kann sie auch immer nur sich selbst hervorbringen und zeitigen, also nichts als noch mehr Liebe. Daher ist Liebe immer siegreich. Dass diese unumstößliche Wahrheit für Euch nicht immer ersichtlich ist, ist dem dualen Zeitempfinden geschuldet, dem Ihr unterworfen seid. Aus Eurer irdischen Sichtposition heraus würdet Ihr mehrheitlich sagen, dass die Liebe letztlich siegen wird. Doch das hat sie schon! Die ganze wundervolle Schöpfung legt sichtbares, lebendiges Zeugnis davon ab, denn ohne Liebe wäre Schöpfung unmöglich. Nichts und niemand wäre da. Diese Zeilen, die Du in Händen hältst, es gäbe sie nicht und auch niemanden, der sie lesen könnte.

Liebe fragt nicht, Liebe antwortet. Sie ist die ewige Antwort auf jede nur denkbare Frage, die ewige Lösung jedes Problems, die ewige Heilung jeglichen Schmerzes, die ewige Erfüllung jeglicher Sehnsucht. Die brennende Begeisterung der Liebe für sich selbst ist beispiellos und erhellt die ganze Schöpfung. Im Lichte der Liebe könnt Ihr sie sehen, denn Licht ist Liebe und Liebe ist Licht. Hell und leuchtend erstrahlt sie immer und überall dort, wo sie regiert, in unvergleichlicher Schönheit und magischer Anziehung. Wohlige Wärme ist ihr zu eigen und nichts lässt die Seele so sehr vor Glück erschauern wie ein flammendes Herz. Wo ein liebendes Herz in lodernden Flammen steht, da erbebt die Seele und erkennt sich selbst im Spiegelbild ihres Schöpfers.

»Die Liebe ist ein nie
verlöschendes Feuer.«
Hildegard von Bingen

2. Teil

Meilensteine der Selbstfindung

Fairness

Meine liebe Freundin, mein lieber Freund, was ist Fairness? Die meisten unter Euch werden das Konzept der Fairness in direkter und spontaner Weise mit Gerechtigkeit assoziieren und dies völlig zu Recht, denn beide Konzepte sind eng miteinander verwandt. Im Zusammenhang mit der Illusion der Schuldfähigkeit war bereits die Rede davon. Wenn wir an dieser Stelle erneut darauf zurückgreifen, dann weil wir uns der gewichtigen und entscheidenden Bedeutung der Fairness für und in jedes Menschen Leben bewusst sind.

Tatort: Irgendwo.
Tatzeit: Irgendwann.
»Wo waren Sie zur Tatzeit?«
»Haben Sie ein Alibi?«

Wie fühlst Du Dich bei diesen Worten? Was geht in Dir vor? Verspürst Du ein schales Gefühl unterschwelligen Unbehagens? Liegen sie Dir schwer im Magen und stoßen Dir bitter auf? Wenn dem so ist, dann sei Dir gewiss, dass Du Dich bereits vorverurteilt und schuldig gesprochen hast, wenn Dir auch selbst noch nicht klar sein mag, wessen Du Dich denn da schuldig fühlst.

Nun, mit Schuldzuweisungen ist der Mensch naturgemäß schnell bei der Hand und so wirst Du denn auch nicht lange suchen müssen und rasch fündig werden. Irgendetwas wird es schon geben, dessen Du Dich gnadenlos bezichtigen kannst.

Das ist die Illusion der Schuldfähigkeit, wie sie leibt und lebt! Das ist Dein Ego, wie es Dir heimlich ins Ohr raunt: »Ich bin nicht gut!« Wie ein steter Tropfen träufelt es sein Gift in Dein Menschenherz. Fast unmerklich und gleichwohl beständig untergräbt es Deine gottgegebene, natürliche Unschuld. Nie bist Du Dir gut genug und so trittst Du Dein göttliches heiliges Sosein ständig mit Füßen. Mensch, Du bist blind für Dich selbst! Und so rufen wir Dir erneut zu: Mensch, so viele Tage vergehen, an denen Du nicht ein gutes Wort für Dich hast!

Du suchst nach einem Alibi für Dich selbst. Du suchst nach einem Alibi für Dein Menschsein. Und Du flehst und bettelst vor Dir selbst und Deinem vermeintlich strafenden, gestrengen Gott um mildernde Umstände. Dabei bist Du völlig blind für die Tatsache, dass es keine mildernden Umstände braucht. Es braucht nicht einmal ein Alibi. Das, liebe Freunde, ist Fairness! Und nur das!

Fairness ist Lossprechung, sie ist Lossprechung von jeglicher Selbstbezichtigung. Lossprechung ist Versöhnung, sowohl mit Dir selbst, als auch mit Deinem Schöpfer. Versöhnung aber bedeutet – im wahrsten Sinne des Wortes – die Anerkennung und freudige Ergreifung Deiner natürlichen Sohnschaft mit dem Göttlichen.

An dieser Stelle könnten wir auch von Vergebung sprechen, die das Wort ›geben‹ beinhaltet. In der Vergebung gibst Du Dir selbst die gottgegebene Würde Deines wundervollen Soseins zurück.

Das Menschsein innerhalb der Dualität impliziert das Licht wie auch den Schatten. So will es sein, denn so ist es. Wie wir wissen, kann göttlicher Wille niemals untergraben oder ausgehebelt werden. Und so ist es, dass Du die Legitimation für Dein kostbares Sosein von höchster Stelle hast, von Deinem Schöpfer selbst, der Dich so schuf, wie Du bist. Sei fair zu Dir selbst! Fairness kann also immer nur Freispruch auf der ganzen Linie und in allen Punkten bedeuten.

Nein, Ihr Lieben, kein Freispruch aus ›Mangel an Beweisen‹, wie so mancher unter Euch zu glauben geneigt ist *(Anm. der Verfasserin: Hintergrundbemerkung von Regulus: »Ja, ja, das Ego lässt grüßen!« humorig.),* sondern ein völliger, uneingeschränkter Freispruch und somit die vollkommene Rehabilitierung! Wir sprechen von einem ›Freispruch wegen erwiesener Unschuld‹. Das ist die Sicht Deines himmlischen, liebenden Vaters und nur Er sieht richtig, blickt Er doch allzeit mit den Augen der Liebe. So wenden wir uns also erneut dem Hergang des Geschehens zu:

Tatort: »Hier!«
Tatzeit: »Jetzt!«
»Wo waren Sie zur Tatzeit?«
»Im Hier und Jetzt!«
»Haben Sie ein Alibi?«
»Ich habe gelebt!«

Das ist Fairness! Wie fühlt sich das für Dich an? Gib Dir selbst freies Geleit durch Dein Leben. Freiheit ist der lebenspendende Odem der Liebe und nichts Geringeres als Freiheit des Seins ist eines Kindes Gottes würdig. Bezichtigt sich der Vogel des Fliegens? Bezichtigt sich die Katze des Mausens? Bezichtigt sich der Wind seines Spiels mit den Lüften? Bezichtigt sich das Meer der Gezeiten? Bezichtigt sich das Licht seiner Brechung auf glitzerndem Wasser? Bezichtigt sich der Regenbogen seines schillernden Farbenspiels? Sieh Dir Eure wunderschöne Natur an und nimm Dir ein beherztes Beispiel an ihr, wie sie ihr Sosein feiert in jedem Augenblick ihres Seins.

Warum also bezichtigst Du Dich Deines wundervollen, heiligen Menschseins? Wessen klagst Du Dich an? Sprich Dich frei und Du wirst es sein. Da ist niemand, der erwartet, dass Du Dich verdammst, niemand, der sich von Dir abwendet, niemand, der Dir abschwört. Da ist Liebe und nichts als Liebe, von Ewigkeit her zu Ewigkeit hin.

»Ubi non accusator, ibi non iudex!«
»Wo kein Kläger, da kein Richter!«
Sprichwort

Langmut

Mein lieber Freund, meine liebe Freundin, ein kluger Mann sagte einmal: »Auf Dauer kann kein Mensch einer wahren Liebe widerstehen.« Nun, das hat er vortrefflich erkannt, denn die Anziehung der Liebe ist eine ewige.

Wir wissen, dass Zeit und Raum Phänomene der Dualität sind. Liebe aber steht darüber, sie geht weit über die Dualität hinaus. Da Liebe die Wahrnehmung von Einheit ist, hebelt sie die Dualität einfach aus. In der Wirklichkeit der Liebe gibt es kein Zeitphänomen, wie es Euch auf Erden bekannt ist. In der Wirklichkeit der Liebe – hier, im Lichte der Einheit – gibt es nur das ewige Jetzt, den heiligen Augenblick. Uns ist bewusst, dass wir den Rahmen menschlicher Vorstellungskraft sprengen und sprengen müssen, wollen wir uns der Wahrheit und somit der Wirklichkeit der Dinge annähern.

Langmut ist Geduld und doch auch sehr viel mehr. In gewisser Weise und im übertragenen Sinne ist sie ein Synonym für Zeitlosigkeit, denn für die Langmut spielt Zeit keine Rolle. Langmut ist ein Attribut der Liebe, eine heilige Eigenschaft, die nur der Liebe zu eigen ist. Das ›Hohelied der Liebe‹ (1. Korinther 13) rühmt die Langmut der Liebe völlig zu Recht und nicht zufällig ganz zu Beginn seiner bekannten Aufzählung der Liebesattribute. Da der Zeitfaktor für die Liebe ohne Belang ist, kennt sie keine Hetze, Eile oder Unrast. Liebe ist Liebe in jedem heiligen Augenblick. Sie genügt sich selbst vollkommen. Welchen Grund also könnte sie haben für Hetze und Unrast?

Liebe ist der Herzschlag Gottes und Du bist Leben von seinem Leben. Was bedeutet das konkret für Dich? Nun, Dein Herzschlag ist auf ewig untrennbar mit dem seinen verwoben und vereint. Dein Herzschlag ist der seine, denn aus Dir selbst heraus hast Du keinen. Es gibt kein ›Aus-sich-selbst-Heraus‹! Alles, was es geben kann, alles nur Erdenkliche, es ist Teil des Schöpfers und somit eins mit ihm. Dies ist der ewige, heilige Bund Gottes mit seiner Schöpfung. Dieser Bund, durchwoben von einem Band unermesslicher Liebe, ist geschlossen für die Ewigkeit. Und hier, an dieser Stelle, schließt sich der Kreis unserer Betrachtungen und wir finden uns erneut bei der Langmut wieder, die wir auch als die ›Unerschütterlichkeit Gottes‹ bezeichnen könnten.

Gottes Liebe kennt keine Bedingungen und so ist seine Langmut ebenfalls grenzenlos. In ganz einfachen Worten gesagt: Gott gibt nicht auf! Gott gibt keines seiner Geschöpfe jemals auf! Gott gibt Dich nicht auf! Der Ruf des Vaters nach seinem Kinde, er ist ein ewiger. Wir dürfen niemals aus den Augen verlieren, dass Dein freier Wille ewig unantastbar ist, denn so will es die Liebe in ihrer vollkommenen Absolutheit. »Auf Dauer kann kein Mensch einer wahren Liebe widerstehen.« Nichts und niemand in der Schöpfung kann das, denn die Anziehung der Wirklichkeit kann niemals ausgehebelt werden, mag der Schein aus irdischer Sicht auch noch so sehr trügen. Hier zitieren wir gerne den wundervollen *Kurs in Wundern*: »Nichts Wirkliches kann bedroht werden. Nichts Unwirkliches existiert. Hierin liegt der Frieden Gottes.«

Der Frieden Gottes aber, er kann auch der Deine sein, so Du ihn nur ergreifen und für Dich in Anspruch nehmen willst. Es steht Dir völlig frei, ob und wann Du die Pforte

Deines Herzens für Deinen himmlischen Vater zu öffnen bereit bist. Seine Langmut ist so grenzenlos wie seine Liebe, denn beide sind untrennbar miteinander verknüpft. Und so ist es, dass Langmut ebenso ein bedingt gültiges Synonym ist für unendliche Geduld. Wir sagen Euch dies aus Verständnisgründen. Langmut ist auch Geduld und dennoch ist sie so viel mehr als das. Dort, wo es keine Zeit gibt, in der göttlichen Wirklichkeit der Dinge, ist letztlich auch das Konzept der Geduld ein sinnloses. In Deiner ewigen Heimat bist Du alles das, was Du immer schon warst und ewig sein wirst. Du bist es immer gewesen und wirst es immerdar sein. Die unangreifbare Integrität Deiner wahren Identität ist auf ewig gesichert. Der Schöpfer ist reine Liebe und Liebe ist nur ein anderes Wort für Gnade. Hier entbehren alle Konzepte von Schuld, Sünde, Mangelhaftigkeit und Versagen jeglicher Sinnhaftigkeit.

Worte wie »die Liebe ist langmütig« und »die Liebe hört niemals auf« besagen letztlich ein und dasselbe. Dein Dich liebender Vater gibt Dich niemals auf. So tue es ihm gleich und sei langmütig in Deinem Bestreben, Dich selbst zu lieben. Wenn Du an Dir selbst zweifelst, dann besinne und berufe Dich auf den sanftmütigen Blick Deines Schöpfers, der Dir immer nur von seiner Liebe zu Dir erzählt. Das ›Hohelied der Liebe‹ ist Gottes Hohelied auf Dich und seine gesamte Schöpfung.

»Wer den Weg der Langmut und
Geduld gefunden, der hat den Weg des
Lebens gefunden.«

Ephraem der Syrer

Selbstvertrauen

Meine liebe Freundin, mein lieber Freund, hast Du Selbstvertrauen? Wenn Du Dir diese Frage mit einem spontanen Ja beantwortest, dann erlaube uns, sie ein wenig anders zu formulieren: Traust Du Dir selbst über den Weg? Wenn wir dieses gewichtige Thema in dieser Weise in den Raum stellen – zugegeben, ein wenig provokativ –, dann aus gutem Grunde, denn nun fühlt es sich für so manchen unter Euch schon anders an, irgendwie schmerzhaft, etwa so, wie wenn man den Finger in eine offene Wunde legt. Nun, Ihr Lieben, diese klaffende Wunde zu heilen ist unser Bestreben. Laut Wörterbuchdefinition ist Vertrauen die subjektive Überzeugung von der Richtigkeit, Wahrheit von Handlungen, Einsichten und Aussagen bzw. der Redlichkeit von Personen.

Bist Du zutiefst von Deiner eigenen Redlichkeit überzeugt? So sehr, dass Du jederzeit getrost vor Deinen Schöpfer treten könntest? Du bist es nicht? Sei Dir gewiss, dass Dein himmlischer Vater es sehr wohl ist! Mit diesen Worten wollen wir Dich in keiner Weise schrecken. Vielmehr wollen wir Dir die Augen öffnen. Wir wollen Dir die Augen öffnen und Dein schreckhaftes Herz erweichen für Dich selbst. Wir wollen Dein Bewusstsein schärfen für Deinen gottgegebenen Selbstwert. Wir wollen Deinen unverbrüchlichen Glauben an Deine eigene Wertigkeit stärken, denn nichts weniger als das ist uns für Dich gut genug. Nichts weniger als das ist eines Kindes Gottes würdig.

Was nun bedeutet Selbstvertrauen ganz konkret und direkt für Dich und Dein Leben? Wie äußert es sich und was sind seine Wirkungen?

Echtes, wirkliches Selbstvertrauen impliziert den Glauben an die eigene Redlichkeit, dies ist völlig korrekt. Doch bei Lichte betrachtet, ist es sehr viel mehr als das. Selbstvertrauen ist die tiefe Überzeugung von der unbedingten Wertigkeit Deiner Person und damit der Glaube an den Wert Deines eigenen Soseins. Vertrauen in das Selbst ist Vertrauen in das Sosein. An anderer Stelle sprachen wir von Grenzen und davon, dass die ureigenen Persönlichkeitsgrenzen immer auch die Grenzen des Machbaren seien. Dem ist so. Es mag Dich wundern, dass wir gerade beim Konzept des Selbstvertrauens die Grenzen des Menschenmöglichen zum Thema machen. Dies ist nur auf den ersten Blick und bei oberflächlicher Betrachtung ein Widerspruch. Im Allgemeinen behauptet Ihr, Selbstvertrauen bedeute: »Ich kann das!« Wir aber sagen Euch, Selbstvertrauen bedeutet: »Ich bin das!« Der Unterschied zwischen beiden Denkkonzepten, so fein er auch anmuten mag, könnte grundlegender und gravierender nicht sein.

Worauf kannst Du Dein Vertrauen setzen, wenn nicht auf das, was ist? Im Lichte Deiner Göttlichkeit impliziert Dein Sein sowohl Deine unbegrenzte gottgegebene Schöpferkraft als auch all die Begrenzungen Deiner menschlichen Persönlichkeit. Im ewigen Spiel des Lebens tanzen beide in vollkommenem Gleichklang miteinander wie ein liebendes Paar. Wenn Du Dein Vertrauen setzt auf das, was Du kannst oder auch zu können glaubst, dann versteigst Du Dich unter Umständen sehr rasch in eine frustrierende Illusion Deiner selbst, an der Du unweigerlich scheitern musst. Dies führt zu Kummer und Leid, denn – wir sagten es an anderer Stelle – Illusionen sterben immer unter Schmerzen. Mit anderen Worten: Wo Selbstvertrauen an Bedingungen geknüpft ist, da ist es Dir bereits entglitten und abhandengekommen.

Da und dort, wo Du Dein Selbstvertrauen auf das Fundament der Wirklichkeit setzt, steht es wahrlich auf festem Untergrund und sicherem Boden. Doch was ist sie, diese Wirklichkeit? Was ist Deine Wirklichkeit und wie kannst Du sie entdecken?

Liebe ist allezeit der Weg und nur hier kann er gefunden werden. Da nur Liebe wirklich ist, kann nur sie zur Wirklichkeit führen. Die Wahl des Weges ist allzeit entscheidend für das Ziel, das erreicht wird. In der Liebe zum Selbst reifst Du zur bedingungslosen Akzeptanz Deiner gottgewollten Einmaligkeit und zu absolutem Respekt Deines menschlichen Soseins. Und so bezeichnen Selbstvertrauen und Selbstliebe letztlich ein und dasselbe. Ein sich selbst vertrauender Mensch steht mit stolzgeschwellter Brust vor sich selbst. Die Demut vor dem eigenen gottgegebenen Sosein folgt dem Stolz unmittelbar auf dem Fuße, denn wir reden wohlgemerkt von echtem Stolz und nicht etwa von trügerischem Hochmut, der lediglich eine Ausgeburt der Angst ist.

So kommen wir denn auch hier letztlich nicht um Gott herum, der Dir all das verlieh, was Du bist. Du kannst also Dir selbst nur soweit vertrauen, wie Du Deinem Schöpfer vertraust. In gleicher Weise stimmt der Umkehrschluss, denn, wie wir wissen, steht und fällt alles in Deinem Leben mit Deiner Selbstwahrnehmung. Du kannst Deinem Schöpfer immer nur soweit vertrauen, wie Du Dir selbst vertraust. Wenn Du Dich selbst mit Misstrauen, Zweifel und Skepsis beäugst, dann wirst Du Deinem Schöpfer unweigerlich denselben Argwohn entgegenbringen.

Echtes Selbstvertrauen fußt auf dem Glauben, ja mehr noch auf der Wahrnehmung der Unantastbarkeit des eigenen, gottgegebenen Soseins. Diese Wahrnehmung aber kann sich nur in der Liebe zum Selbst offenbaren, immer und ausnahmslos. Gott selbst vertraut Dir blind und dies ist Teil und Aspekt des heiligen Bundes zwischen dem Schöpfer und seiner Schöpfung, von dem vormals die Rede war. Dein freier Wille, der Dir auf ewig verbürgt ist, sollte Dir Beweis genug sein, denn wahrlich, einen anderen kann es nicht geben.

»Selbstvertrauen ist die Quelle
des Vertrauens zu anderen.«
François de la Rochefoucauld

Lust am Selbst

Mein lieber Freund, meine liebe Freundin, uns dürfte längst klar sein, dass es bei der Selbstfindung letztlich um nichts anderes geht als um Selbstliebe. Wie könnte es denn auch anders sein? Was könnte es zu finden geben? Was, wenn nicht Liebe, gibt es doch in der göttlichen Wirklichkeit, die auch die Deine ist, nichts anderes? Wer sich selbst liebt, der hat sich selbst gefunden. Wer sich selbst liebt, der ist am Ziel seiner Reise, eine Reise, die gleichwohl niemals endet, denn die Liebe kennt weder Grenze noch Ende.

Kannst Du Dich an Dir selbst erfreuen? Kannst Du Dich für Dich selbst begeistern? Kannst Du mit Dir und über Dich lachen? Hast Du Mitgefühl für Dich selbst, wenn Du bittere Tränen weinst? Ohne diese wundersame Lust am Selbst ist echte, tiefe Lebensfreude undenkbar und letztlich völlig unmöglich. Dein Leben, so wie es sich darstellt, ist die Erweiterung, die Ausdehnung Deiner selbst. Beide, Du und Dein Leben, können nicht sinnvoll voneinander getrennt werden. Du und Dein Leben bilden eine heilige Allianz, die so ewig ist wie das Leben selbst.

Den direkten Zusammenhang von Selbst- und Nächstenliebe haben wir bereits in Band I unserer Botschaften erforscht und beleuchtet. Die Lust am Selbst, die Freude am eigenen Sein, ist Grundbedingung und erste Voraussetzung für die Lust und Freude am anderen. Erst die vorbehaltlose Bejahung des eigenen Soseins macht ein vollumfängliches

Ja zum anderen möglich. Dies stimmt sowohl auf emotionaler als auch auf intellektueller Ebene und schließt doch ebenso Euer wundervolles sexuelles Erleben ein. Lust am anderen kann ohne Lust am Selbst niemals sein. Diese Lust am Selbst, die eine pure Lust am Sein ist, verlangt nach lebendigem Ausdruck, denn alles, was ist, will und muss sich in irgendeiner Weise manifestieren. Leben verlangt nach lebendigem Ausdruck und Du bist lebendig. Das Leben selbst definiert sich über seinen Ausdruck und so erkennst auch Du Dich durch Deine Manifestationen. Der Schöpfer selbst erkennt sich in seiner Schöpfung.

Deine Seele verschafft sich ebenso Ausdruck im Salz Deiner Tränen wie im Schall Deines Lachens, im Tonfall Deiner Worte wie im Rhythmus Deiner Bewegungen. Du manifestierst Dich selbst in jedem Augenblick Deines ewigen Seins. Lust am Selbst ist reine Lebensfreude. Daseinsfreude aber ist der mächtigste Katalysator auf Deinem Weg zu Dir selbst und damit auf Deiner Reise zurück zu Gott. Lust am Selbst ist der Rückenwind des Lebens!

So manchem unter Euch fällt es schwer, sich ›selbst zu tragen‹ und zu ertragen. Vielerorts ist Euch die Lebensfreude abhandengekommen. Die Lust am Selbst, die ausschließlich der Selbstliebe entspringen kann, macht alles leicht wie eine zarte Flaumfeder. Was vormals wie ein beschwerlicher Gang auf schmerzenden Füßen anmutete, wird nunmehr zu einem beschwingten Tanz. Dies vermag nur die Lust am eigenen Leben, der die Freude am Leben des anderen auf dem Fuße folgt.

Wenn wir über Selbstliebe sprechen, dann reden wir sicherlich nicht davon, sich selbst niemals infrage zu stellen und seine Beweggründe und Motivationen nie zu hinterfragen. Die Lust am Sein impliziert ganz selbstverständlich die freudvolle Erkundung und Erforschung des eigenen Soseins. Wie wir wissen, ist die Selbsterkenntnis der Sinn und Zweck jeglicher Inkarnation. Doch so sehr die Selbsterkenntnis dem Leben auch seine Sinnhaftigkeit verleihen mag, ihr Endzweck ist und bleibt die pure, reine Freude am Sein. Was wäre Lebensfreude ohne Liebe und Liebe ohne Lebensfreude?

Beide bedingen sich gegenseitig und können niemals getrennt voneinander auftreten und betrachtet werden. Wir sprechen, wie gesagt, nicht etwa davon, sich selbst niemals infrage zu stellen, sondern vielmehr davon, den eigenen Wert nicht zu verleugnen, zu verneinen oder auch zu ignorieren. Immer dann, wenn Du in die Versuchung kommst, Deinen Selbstwert zu dementieren, solltest Du Dich zur Selbstliebe gemahnen. Wenn Du Dich verirrt hast auf dem Weg zu Dir selbst, dann orientiere Dich an der Liebe Deines Schöpfers für Dich. Sie ist Dir allzeit sicherer Wegweiser.

Ein Mensch, der sich selbst wahrhaft liebt, der erträgt durchaus auch die Infragestellung seiner Person, denn die Liebe ist ihm allzeit sicheres Fundament, auf das er bauen kann. Mutig wird er sich seinen menschlichen Grenzen und somit auch seinen Irrtümern stellen. Und spätestens hier, an diesem Punkt, kommt die Treue zum Selbst ins Spiel. Bist Du Dir selbst treu? Hältst Du Dir die Treue auch dann noch, wenn Du unbequem für Dich bist? Lust am Selbst ist immer auch Lust an der Selbsterforschung. Immer dann, wenn Du Licht in Persönlichkeitsanteile bringst, die vormals im Dunkeln lagen, wird sich auch ein Gefühl tiefer, stiller Dankbarkeit dazugesellen.

Bei der Dankbarkeit schließt sich schließlich der Kreis unserer Betrachtungen über die Lust am Selbst, denn die Dankbarkeit öffnet die Augen, die Ohren und das Herz gleichermaßen. Sei dankbar für all das, was Du bist, denn genau so darfst Du sein! Kein Geringerer als Dein Schöpfer selbst verbürgte sich dafür in jenem heiligen Augenblick, als Er Deine Seele in den lebendigen Ausdruck hauchte.

»Lebensfreude ist die schönste
Form der Frömmigkeit.«
Wilhelm Stekel

Freigiebigkeit

Meine liebe Freundin, mein lieber Freund, wenden wir uns nun einem weiteren Meilenstein der Selbstfindung zu, der Freigiebigkeit.

In Band II unserer Botschaften sprachen wir von des Menschen Angst vor Mangel. Nun greifen wir erneut auf diese Thematik zurück. Wenn der Mensch inkarniert, dann wird er in eine begrenzte Welt hineingeboren. In Eurer Welt ist alles und jedes begrenzt und sogar Ihr selbst seid von dieser Begrenzung nicht ausgenommen, denn nunmehr seid Ihr an einen physischen Körper gebunden. Dieser Körper will genährt, gepflegt und erhalten sein, was eine weitere Begrenzung darstellt.

Ihr seht Grenzen, soweit das Auge reicht. Dies ist die Geburtsstunde Eures Glaubens an Bedrohung durch Mangel, Defizit und Not, denn Begrenzung ist das Gegenteil von grenzenloser Verfügbarkeit und endloser Fülle. Die Gefährdung scheint sehr real. Die irdische ›Beweislage‹ ist schier erdrückend – dies ist uns sehr bewusst – und so seid Ihr alle, sowohl individuell als auch kollektiv, mehr oder minder diesem Irrglauben verfallen. Diese Wahrnehmungsverzerrung ist der Dualität und damit Eurem fehlenden Gesamtüberblick geschuldet. Die großen Zusammenhänge sind Euch unter irdischen Bedingungen verborgen und sie müssen es sein, wenn das Leben innerhalb der Materie seinen heiligen Zweck erfüllen soll. Dennoch dürfen wir Euch gerne mit diesen Zeilen behilflich sein und eines Besseren belehren.

Eine kluge Frau sagte dereinst: »Wo Gott gibt das Häschen, da gibt Er auch das Gräschen.« In schlichte Worte gekleidet, finden wir hier eine prächtige Wahrheit. Welcher liebende Vater würde sein Kind nicht mit allem umsorgen, dass es für sein Wachsen, Werden und Gedeihen braucht? Welch liebende Mutter würde ihre Türe verriegeln, wenn ihr Kind nach Hause kommen will? Die Weitherzigkeit Gottes für all seine Geschöpfe ist wahrhaft grenzenlos und so ist sie es auch für Dich. Und eben hier, am Beispiel des Schöpfers, finden wir unseren eindeutigen Wegweiser zum Glück.

Die Liebe ist unser aller höchstes Gut. In diesem Punkte dürften wir uns alle einig sein. Doch was ist Liebe? Welches ist ihre augenfälligste Eigenschaft? Wie wir immer wieder gesehen haben, ist Liebe in ständiger, ewiger Ausdehnung begriffen. Sie gibt sich ganz und gar hinweg. Liebe will sich verschenken, davon lebt sie. Was bedeutet das ganz direkt und konkret für uns, die wir nach Liebe streben?

Wer die Liebe hütet wie seinen kostbarsten Schatz, wer sie ›für sich behalten‹ will, der hat ihr ureigenstes Wesen nicht verstanden. Und dem wird sie schließlich entgleiten – sie muss es –, denn Liebe, die sich nicht verschenken will, ist keine. Sei es, was es da wolle, aber ganz gewiss keine Liebe!

In der Liebe gibt es keine Eifersucht, kein Konkurrenzdenken, keine Wahrnehmung von Mangel, kein Für-sich-behalten-Wollen. Liebe will sich vollkommen verausgaben! Mit anderen Worten: Du kannst Liebe nur hegen und pflegen, indem Du sie verschenkst. Freiheit ist also die Atemluft der Liebe. Sie mehrt sich nur da und dort, wo sie geteilt wird, denn das ist ihre Natur. Die Liebe des Schöpfers ergießt sich auf alles Geschaffene. Die unermessliche Fülle der gesamten Schöpfung legt sichtbares und lebendiges

Zeugnis davon ab. Hier, in der Liebe, kann es niemals Mangel geben. Es ist genug für alle da! Gehen wir also verschwenderisch mit der Liebe um, denn nur so kann sie wachsen, gedeihen und schließlich reichlich von ihren süßen Früchten hervorbringen.

Je weniger Du den Dingen anhaftest, desto sicherer bist Du in ihrem Besitz. Gegenstände, Besitztümer, Güter: Allesamt sind sie Schall und Rauch, weil sie nur auf Zeit geliehen sind. Hier sind ›Freiheit für‹ und ›Freiheit von‹ nicht voneinander zu trennen. Bist Du frei von den Dingen, dann danken sie es Dir mit einem Zugewinn und dies ist letztlich Sinn und Zweck alles Materiellen. Wir sagen nicht, dass Ihr Eure materiellen Güter nicht nutzen und genießen sollt, denn dazu sind sie gegeben. Ausnahmslos alles ist geschenkt, Euch zu dienen. Wir sagen jedoch sehr wohl, dass Ihr ihnen nicht anhaften sollt, denn nur so nutzt Ihr sie sinnvoll, weise und in vollen Zügen. Du kannst immer nur das genießen, wovon Du frei bist. Und ebendiese Freiheit ist nur in der Liebe zu finden. Materieller Zugewinn ist vergänglich, Zugewinn an Liebe währt ewig!

Nur Liebe ist wirkliche Anhaftung bei gleichzeitigem völligem Loslassen. Liebe ist sich selbst verpflichtet und nur sich selbst. In unseren vorherigen Botschaften haben wir wiederholt gesehen, dass Du nur dessen habhaft sein kannst, was Du liebst, alles andere ist Illusion. Mit anderen Worten: Liebe ist das Einzige, was Du wirklich haben kannst, denn nur in der Liebe verschmelzen Haben und Sein zu einer göttlichen Einheit. Wenn wir von Freigiebigkeit sprechen, dann dürfen wir letztlich auch die Freigebigkeit Dir selbst gegenüber nicht außer Acht lassen. Sei großzügig und verschwenderisch in Deiner Liebe zu Dir selbst und Du wirst die Segnungen dieser Liebe ganz selbstverständlich über alles und jeden ergießen. Übe großherzige Milde Dir selbst gegenüber und sie wird Dir ein Meilenstein auf dem Weg zu Dir selbst sein, der immer auch zum anderen führt.

»Drei Dinge können nicht gelehrt werden:
eine Singstimme, Freigiebigkeit und Poesie.«
Aus Irland

Zuversicht

Mein lieber Freund, meine liebe Freundin, das Wörterbuch umschreibt Zuversicht als das feste Vertrauen auf etwas zu erwartendes Gutes. Nun, dem ist so – und auch wieder nicht ganz –, denn diese Definition verlagert das Gute in eine fiktive Zukunft und somit in gewisser Weise ins Reich des Unwirklichen. Wir möchten die Zuversicht lieber und treffender als ›die Wahrnehmung des Guten und das feste Vertrauen darauf‹ beschreiben. Dies bedarf der näheren Betrachtung.

Immer dann, wenn Du das Gute in die Zukunft verbannst, erblindest Du. Du blendest Dich selbst für das Gute im Hier und Jetzt. Du blendest Dich selbst, im wahrsten Sinne des Wortes, denn Du blendest das Gute in der Gegenwart einfach aus. Dein freier Wille ist ewig unantastbar und so kannst Du immer nur das sehen und dessen gewahr sein, was Du sehen willst. Was Du Dich zu sehen entscheidest, das eröffnet sich Deinem Blick und erschließt sich Deinem Herzen. Wir wissen um die illusionäre Natur der Zeit. Gottes Liebe ist immer und allgegenwärtig. Dies bedeutet, dass die Liebe des Schöpfers und somit alles nur erdenklich Gute immer, überall und ausnahmslos vorhanden, verfügbar und gegenwärtig ist.

Das Bewusstsein um diesc göttliche Liebesallgegenwart ist tröstlich, mehr noch, es bringt die Liebe des Schöpfers zurück zu Dir. Es bringt die Liebe dorthin zurück, wo sie hingehört: ins Hier und Jetzt! Dorthin also, wo auch Du bist, denn woanders kannst Du niemals sein. In den Gefilden der Wirklichkeit ist die Liebe zu Hause und die Wirklichkeit steht über Raum und Zeit. Dieses Bewusstsein um die Liebe des himmlischen Vaters, ob bei Dir vorhanden oder auch nicht, ändert nichts an der Liebe Gottes. Es verändert Gott nicht, aber es verändert Dich!

Das Wissen um die Liebe Gottes und das unverbrüchliche Vertrauen darin, öffnen Dir die Augen und das Herz für die Gunst des Lebens mit all seinen Gaben und Geschenken. Nur so kannst Du sie mit ganzem Herzen und offenen Händen ergreifen und Dir nutzbar machen. Wie wir wissen, kannst Du immer nur das haben, was Du haben willst. Tiefe Zuversicht ist ein Gemütszustand, der sich aus Vertrauen speist und Dir Wege ebnet, die Dir ansonsten verborgen bleiben. Nicht zufällig beinhaltet das Wort Zuversicht das Wörtchen ›sehen‹. Zuversicht ermöglicht die Sichtbarwerdung dessen, was ist. Zuversicht ermöglicht Offenbarung. In Deiner vertrauensvollen Zuversicht kann Gott sich Dir offenbaren, denn dann erlaubst Du ihm, sich Dir zu zeigen.

Nicht zuletzt begünstigt echte, wahre Zuversicht die Verbannung der Angst. Wie wir wissen, liegt der Trennungsgedanke jeder denkbaren Furcht zugrunde. Ihr wähnt Euch allein, einsam und vom Schöpfer verlassen. Im Vertrauen auf das Gute spielt Ihr Gott und damit Eurer Erlösung vom Alptraum der Trennung direkt in die Hände. Nunmehr ist der Gotteswahrnehmung in allem Wahren, Schönen und Guten Tür und Tor geöffnet. Zuversicht ist eine Haltung des Gemütes, der die Gelassenheit auf dem Fuße folgt. Gelassenheit ist immer ein Indiz für tiefe Weisheit und ohne Zuversicht ist sie völlig unmöglich.

In der Zuversicht geben sich Glaube und Vertrauen die Hände und schöner kann eine Verbindung kaum sein. Unter irdischen Bedingungen mag unsere Aufforderung zur Zuversicht oftmals wie eine Wanderung auf schmalem Grat anmuten, wir sind uns der Herausforderung für Euch vollkommen bewusst. Dennoch und gerade deshalb legen wir sie Euch wärmstens ans Herz. Zuversicht ist ein Glaubensbekenntnis und dennoch ist sie so viel mehr als das: Zuversicht ist ein Treuegelöbnis. Zuversicht ist ein Versprechen, sowohl an Dich selbst als auch an Deinen himmlischen Vater. Zuversicht ist nur da und dort möglich, wo das Augenmerk allzeit auf der tiefen Sinnhaftigkeit in allem und jedem ruht. Wann und wo ist sie also mehr vonnöten als unter irdischen Gegebenheiten?

Ihr seht nicht hinter die Welt der äußeren Erscheinungen und genau dies macht das Leben innerhalb der Materie so anspruchsvoll und herausfordernd. Je mehr Mut zur Zuversicht Du hast, desto weniger Mut zum Leben wirst Du brauchen.

»Kummer blickt zurück,
Sorge blickt umher,
Zuversicht blickt empor.«
Unbekannt

3. Teil

Freunde fürs Leben

Das Zünglein an der Waage

Meine liebe Freundin, mein lieber Freund, in all unseren Botschaften haben wir immer wieder gesehen und deutlich gemacht, dass alles im Leben des Menschen mit seiner Selbstwahrnehmung steht und fällt. Aber ist dem wirklich so? Ist die Selbstwahrnehmung des Menschen wirklich von alles entscheidender Bedeutung? Wenn wir diese Frage erneut aufwerfen und an dieser Stelle – sicherlich zu Deinem größten Erstaunen – mit einem Ja und Nein beantworten, dann steht dies keineswegs in Widerspruch mit unseren vorherigen Botschaften. Vielmehr führen wir diese Gedanken weiter und ergänzen sie.

Wie gesagt, alles steht und fällt mit Deiner Selbstwahrnehmung. So, wie Du über Dich selbst denkst, so ist es mit Dir, so offenbaren sich Dir die Welt und das Leben. Du siehst die Welt und das Leben mit Deinen eigenen Augen, denn andere stehen Dir nicht zu Gebote. Mit anderen Worten: Du bist Dir selbst das Maß aller Dinge. Niemand kann sich selbst entfliehen und so bist Du allzeit Deinem eigenen Urteil über Dich selbst ausgesetzt.

Wie wir wissen, ist Dein freier Wille ewig unantastbar. Dies impliziert die wohl größte aller Freiheiten: die Freiheit der Selbstdefinition. Wäre dies nicht der Fall, dann wäre Deine Freiheit nur partiell und eine eingeschränkte Freiheit ist gar keine. Es gibt nicht ›ein bisschen Freiheit‹. Wie alle

Attribute der Liebe, so ist auch die Freiheit ganz oder gar nicht. Wo sie beschnitten ist und ihr Grenzen auferlegt sind, da ist sie schon nicht mehr. Alle Attribute der Liebe sind absolut.

Du hast also die Freiheit der Selbstdefinition, denn so will es die Liebe Gottes. In dieser Welt, die eine duale Erlebensplattform ist, hat bekanntlich alles seine zwei Seiten. Ein jeder unter Euch kann ein Klagelied davon singen und so mancher Seufzer steigt gen Himmel aufgrund dieser Tatsache. Und so ist diese Freiheit der Selbstdefinition – wie könnte es anders sein – nicht nur Segen, sondern auch Fluch für Dich. Dem ist so, denn nunmehr ist es Dir sowohl möglich, mit Liebe als auch mit Verachtung auf Dich selbst zu blicken. So, wie Du Dich definierst, so nimmst Du Dich wahr und Dein Glaube über Dich selbst entspricht Deiner Selbstwahrnehmung.

Wie wir eingangs sagten, ist Deine Selbstwahrnehmung maßgebend für Dein irdisches Erleben. Sie wirkt wie ein feiner Filter, den alles und jedes durchlaufen muss. Deine Selbstwahrnehmung ist die Instanz, die all die Geschehnisse in Deinem Leben, all Deine Gedankengänge und Deine Gefühlsausdrücke bewertet und einordnet. In gewisser Weise und in einem sehr konkreten Sinne könnte man sie als eine Art Platzanweiser bezeichnen. Deine Selbstwahrnehmung entscheidet maßgeblich darüber, wie viel und welchen Raum die Dinge innerhalb Deines Selbstbildes einnehmen. Das Selbstbildnis des Menschen ist eine sehr komplexe Angelegenheit. Es ist von vielen unterschiedlichen Faktoren und Einflüssen abhängig. Zudem ist es variabel und keine feste Konstante, denn der Mensch wird nachhaltig vom Leben geprägt und hierin liegt schlussendlich die ganze Sinnhaftigkeit des Menschenlebens begründet.

Als sei dies nicht schon kompliziert genug, kommt erschwerend hinzu, dass die Selbstwahrnehmung des Menschen erheblich von der Fremdwahrnehmung durch seine Mitmenschen abweichen kann und das meist auch tut. Das Leben, so wie es sich Euch darstellt, ist ein äußerst komplexes und mitunter verwirrendes Zusammenspiel aller beteiligten Faktoren. Ihr agiert und reagiert, folgt Impulsen und sammelt Erfahrungen aller Art, die Ihr dann wieder entsprechend Eurer Selbstwahrnehmung in Euer Glaubenskonstrukt einordnet.

Wir dürfen nicht vergessen, dass diese Welt den Gesetzen der Dualität unterliegt und folgt. So liegt es in der Natur der Sache, dass das Selbstbildnis des Menschen häufig Unklarheiten, Verzerrungen und scheinbaren Widersprüchen unterliegt. Der Selbstbetrug des Menschen steht der irrigen Fremdwahrnehmung durch die Mitmenschen in nichts nach, denn auch diese Möglichkeit steht ihm allzeit frei. Und in aller Regel macht der Mensch denn auch reichlich Gebrauch davon. *(Anm. der Verfasserin: Scherzhaft gesagt, mit einem milden Lächeln voller Verständnis und Mitgefühl.)* So strauchelt und stolpert der Mensch wacker durch sein Leben, ein Leben, das er nicht versteht, umgeben von Mitmenschen, die ihn nicht verstehen und oftmals auch unverstanden von sich selbst. Bis hierher scheint das Verwirrspiel so zermürbend wie trostlos.

Dem wäre so, wenn – ja, wenn – es diesen gleißend hellen Hoffnungsschimmer am Horizont nicht gäbe. In den Tiefen Deines müden Herzens kannst Du ihn sehen. Ja, diesen Hoffnungsschimmer gibt es, denn bis hierher hat der Mensch die Rechnung ohne den Wirt gemacht. Für Deine Interpretation des Erdenlebens mag Deine Selbstwahrnehmung ausschlaggebend sein, in der ewigen Wirklichkeit der Dinge ist sie es nicht. In der ewig gültigen Wirklichkeit ist weder Deine Selbstwahrnehmung noch die Fremdwahrnehmung von Belang. Hier, im Reich der Wahrheit, ist die Gotteswahrnehmung die einzig ausschlaggebende. Sie ist das Zünglein an der Waage. Jeder Selbstbetrug und jedwede Fehlwahrnehmung nehmen vor Gott ein jähes Ende. Dein Schöpfer lässt sich weder blenden noch täuschen, dies ist allzeit vollkommen unmöglich. Magst Du auch noch so tief in Illusionen von Selbstbetrug, Selbstverachtung und Angst hinabgestiegen sein, so bleibt sein Blick doch allzeit völlig klar und ungetrübt.

Mit grenzenloser Liebe sieht Dein Schöpfer Dich an und Er kann nichts als Liebe erblicken, denn nichts anderes ward je geschaffen. Es kann keine andere Wahrheit über Dich geben, denn Du bist Geist von seinem Geiste und nach seinem Bilde geschaffen. Willst Du wissen, was ein Gemälde aussagt, dann frage den Maler. Willst Du wissen, was die Dinge sind, dann frage den, der sie schuf.

Dein Leben ist in demselben Maße erfüllend und beglückend, in dem Deine Selbstwahrnehmung mit der Gotteswahrnehmung übereinstimmt. Immer dann, wenn Deine Sicht auf Dich selbst dem Blick Deines Schöpfers entspricht und ihm gleichkommt, erkennst Du Dich selbst. Dann bleiben nur noch Jubel, Glückseligkeit und Liebe. Und so wie Dein Schöpfer das erste Wort hatte, als Er Deine heilige Seele mit seinem Odem des Lebens in den lebendigen Ausdruck hauchte, so hat Er auch das letzte!

Wo das Herz Heimat hat

Mein lieber Freund, meine liebe Freundin, das Leben zu lieben bedeutet, Gott zu lieben. Wie wir sagten, bezeichnen die Begriffe Gott, Liebe und Leben ein und dasselbe. Und so wie die Liebe, so ist auch das Leben letztlich Selbstzweck, denn einen anderen kann es nicht haben.

Wie die Sinnhaftigkeit der Liebe selbst, so ist auch der Sinn des Lebens allumfassend. Dieser Sinn ergibt sich zwingend und ganz selbstverständlich aus seinem puren Sein, also aus sich selbst heraus. Die ganze wundervolle Natur legt Zeugnis davon ab und dort, wo Ihr sie mit liebenden Augen betrachtet und beobachtet, könnt Ihr es sehen und erkennen. Die Natur feiert sich selbst und den ewigen Kreislauf des Lebens in allem und jedem, im rhythmischen Kommen und Gehen der Jahreszeiten, im stetigen Wechsel der Gezeiten, im majestätischen Auf- und Niedergang der Sonne. Die gesamte Natur spricht und erzählt vom Wunder des Lebens. Im Summen der kleinen Biene kannst Du es ebenso hören wie im wohligen Schnurren der Katze oder im ohrenbetäubenden Brausen des Sturmes, der über das Land fegt. Überall feiert das Leben sich selbst in seiner grenzenlosen und wundersamen Mannigfaltigkeit.

Liebst Du das Leben? Feierst Du es? Liebst Du es, Teil dieses größten aller Wunder zu sein? Das Bewusstsein um die Größe des Lebens und damit um seine Heiligkeit ist ohne

EchnAton Verlag

Verlagsprogramm

Altes Wissen ◦ Weisheitslehrer ◦ Buddhismus
Schamanismus ◦ Selbsthilfe ◦ Meditation ◦ Yoga
Spirituelle Romane ◦ Musik

Matt Kahn

Liebe – was immer auch geschieht

Hardcover | € (D) 18,95

ISBN: 978-3-937883-95-3

Liebe heilt! Der bekannte amerikanische Weisheitslehrer Matt Kahn, selbst seit seiner Kindheit hellsichtig, führt in diesen tiefsten aller Bewusstseinswege ein, der in große Freiheit und Klarheit führt. Alles, was ist, zu lieben – vor allem jene Ecken und Kanten, die wir nicht so gerne sehen, ist der Weg. Der Autor zeigt durch berührende eigene Erlebnisse und nachvollziehbare Übungen auf, wie wir wieder zu unserer ursprünglichen Lebendigkeit zurückfinden können.

Gregg Braden

Verlorene Geheimnisse des Betens

Hardcover, 15,95 € (D)

ISBN: 978-3-937883-20-5

Ist es möglich, dass in unseren tiefsten Verletzungen der Schlüssel zu einer kraftvollen Art des Betens verborgen ist, die uns vor 1.700 Jahren verloren ging? In den 1990er Jahren fand und dokumentierte der Autor eine Art des Betens, die in der westlichen Welt verloren ging, aber in abgelegenen Klöstern in Zentraltibet noch immer Anwendung findet. Er beschreibt in diesem Buch diese uralte Art des Betens, die sich weder Worten noch sonstigen äußeren Ausdrucks bedient.

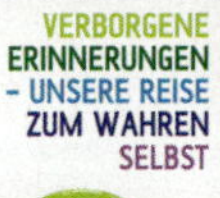

Dr. Menis Yousry

Verborgene Erinnerungen

Softcover | € (D) 17,95

ISBN: 978-3-937883-44-1

Von der Zeit vor unserer Geburt bis ins Kindesalter hinein werden wir von unseren Erfahrungen mit der Welt und unseren Eltern vielfältig und in einer Weise geprägt, derer wir uns nicht wirklich bewusst sind. Im Kindesalter ist unser Gehirn noch nicht weit genug entwickelt, als dass wir aus unseren frühen Erfahrungen lernen könnten. Sie werden daher zu ungelösten Erinnerungen, die im Erwachsenenalter uns davon abhalten können, unsere Ziele im Leben zu erreichen.

Peter Herrmann
HYPERSPACE YOURSELF!

Hardcover | € (D) 14,95
ISBN: 978-3-937883-77-9

In diesem Buch erfahren Sie von einer einfache Methode, den Körper innerhalb kürzester Zeit mit Biophotonen zu fluten und ein geordnetes, hochenergetisches Lichtfeld aufzubauen. Des weiteren beschreibt der Autor Spannendes über Bewusstseinsfelder und verschiedene Zeitlinien, den Mandela-Effekt und künstliche Intelligenz.

Die Meditationen zum Buch

CD | 67 min | € (D) 19,50
ISBN: 978-3-937883-78-6

Renate Brettschneider
Heilige Geometrie

Hardcover | € (D) 15,95
ISBN: 978-3-937883-81-6

Anhand von Meditationen und vielen Beispielen eröffnet die Autorin eine neue Sichtweise auf das alte Wissen der Heiligen Geometrie. Sie zeigt Ihnen einen Weg, wie Sie mit der Kraft dieses heiligen Wissens Ihre eigene Mitte finden können sowie Ihren richtigen Platz in der Schönheit dieser großen geometrischen Gesamtharmonie.

Die Meditationen zum Buch

CD | 84 min | € (D) 19,50
ISBN: 978-3-937883-87-8

Peter Calhoun
Seelenfeuer

Softcover | € (D) 19,95
ISBN: 978-3-937883-25-0

In diesem Buch beschreibt ein ehemaliger Priester der Episkopalkirche das Erwachen seiner spirituellen Kräfte und seinen Weg zum Schamanen. Sie erfahren etwas über den »Pfad der Rückbesinnung« auf unsere wundersame Erde, mithilfe dessen unser weiteres Überleben als Spezies sichergestellt wird. Seelenfeuer ist ein Leitfaden voller Inspiration und eine unabdingbare Lektüre für alle, die seit Langem auf der Suche sind.

Andrea Dinkel-Tischendorf
Tore zur Freiheit

Taschenbuch | € (D) 14,95
ISBN: 978-3-96442-000-8

Viele Probleme, Ängste und Schuldgefühle sind bereits in vergangenen Leben entstanden und zeigen sich, um in diesem Leben transformiert werden zu können. Die Autorin zeigt anhand zahlreicher Beispiele auf, wie die geistige Welt (Jenseits, Engel und Geistführer) wirkt, wie frühere Leben auf das heutige Leben Einfluss nehmen und wie wir durch das Erkennen der Ursachen Klarheit und Verständnis, Vergebung und letztlich Freiheit erreichen können.

Nina Herzberg
Talking to Heaven
Nach dem Tod geht's weiter
Taschenbuch | € (D) 14,95
ISBN: 978-3-96442-013-8

Aus der Sicht der Menschen sind Themen wie Trauer, Schmerz und Leiden existenziell, sehr dramatisch und traurig. Die Sichtweise der geistigen Welt dagegen ist eine andere, denn sie hat einen anderen Überblick und sieht Zusammenhänge. Durch zahlreiche Dialoge mit ihrem verstorbenen Vater und ihrem Geistführer nimmt die Autorin den Leser mit auf eine Reise in die geistige Welt, von der man berührt und inspiriert zurückkehrt.

Bernd Osterhammel
Schöpferkraft

Hardcover | € (D) 17,95
ISBN: 978-3-96442-014-5

Anhand von sieben Trainings führt der Autor den Leser hin zu mehr Bewusstsein. Er stellt an Beispielen klar, wie regelmäßig die eigene Wirklichkeit entsteht und empfiehlt das Reflektieren von sieben Begegnungen, um mit der Schöpferkraft in Fluss zu kommen. Das Schreiben eines Drehbuchs ermöglicht die eigene Melodie des Lebens mit zu komponieren und damit, den göttlichen Funken anzunehmen und zu entfachen.

Siglinda Oppelt
Akasha-Chronik – Dein Buch des Lebens
Hardcover | € (D) 22,95
ISBN: 978-3-96442-022-0

Die direkten Botschaften der Meister und Lehrer aus der Akasha-Chronik eröffnen ein tieferes Verständnis von uns selbst und helfen uns, den Herausforderungen des Lebens leichter zu begegnen und Schwierigkeiten zu meistern und zu überwinden. Beleuchtet werden u.a. die Themen: Vertrauen & Selbstliebe, Beruf & Berufung, Gesundheit & Krankheit, Partnerschaft & Beziehungen, Fülle, Sexualität, All-Sinnlichkeit, Tod und Sterben.

Sri Sri Ravi Shankar
Die Liebe feiern
Softcover | € (D) 14,95
ISBN: 978-3-937883-24-3

Kurz und prägnant wie ein Koan, zugleich klar und unkompliziert, befasst sich Sri Sri Ravi Shankar mit den Problemen, Unsicherheiten und Wirrungen, mit denen wir uns heute konfrontiert sehen, und lässt die menschlichen Werte in jedem von uns wieder aufleben. Seine kurzen Abhandlungen geben Anstoß für Erkenntnisse und öffnen den Geist für die Schönheit und die Geheimnisse des Lebens.

Sri Sri Ravi Shankar
The Guru of Joy
Softcover | € (D) 14,95
ISBN: 978-3-937883-21-2

Dies ist die maßgebliche Biografie eines der magnetischsten Menschen unserer Tage. Wer ist dieser tiefgründige und dabei kindlich anmutende, immer lächelnde Guru, dessen erklärte Mission es ist, »ein Lächeln ins Gesicht jeder Person zu zaubern«? Dieses Buch gibt einen faszinierenden Einblick in Sri Sri Ravi Shankars Kindheit, seine Entwicklung, die Jahre, die ihn prägten und den anschließenden Reifeprozess, der ihn letztendlich auf die internationale Bühne katapultierte.

Bettina Büx
Die REGULUS-Botschaften Band I
Hardcover | € (D) 18,95
ISBN: 978-3-937883-91-5

All unsere Probleme des täglichen Lebens beruhen auf einer verzerrten Selbstwahrnehmung. Sie lösen sich auf, wenn wir unseren Blick wieder auf die göttliche Natur unseres Wesens richten. Dies ist die Kernbotschaft von Regulus, geistiger Lehrer aus der Dimension der Erzengelebene. In ausgesprochen liebevoller Weise, mit einer gehörigen Prise Humor und in beeindruckend präzisen Worten bietet Regulus wertvolle Hilfe in allen bedeutsamen Lebensbereichen.

Bettina Büx
Die REGULUS-Botschaften Band II
Hardcover | € (D) 17,95
ISBN: 978-3-937883-93-9

Regulus beleuchtet in Band II die Mechanismen der Angst in ermutigend neuer Weise. Er zeigt Mittel und Wege auf, der auf Angst basierenden scheinbaren Endlosspirale sowie dem damit einhergehenden Leidensdruck Grenzen zu setzen und schließlich Einhalt zu gebieten. Dabei stellt er nicht nur die gängigen Inhalte unserer Ängste zur Diskussion, sondern vielmehr die Angst als solche infrage. Er durchleuchtet ihre Dynamik und erforscht ihre Folgen und Ziele.

Bettina Büx
Die REGULUS-Botschaften Band III
Hardcover | € (D) 17,95
ISBN: 978-3-937883-97-7

In Band III sensibilisiert uns Regulus für unsere eigenen besonderen Potenziale. Die alles verändernde Erkenntnis unserer wahren Liebesnatur und die heilende Kraft der Liebe stehen auch hier im Mittelpunkt. Die fundierte Analyse der intellektuellen und emotionalen Aspekte der Erleuchtung ebnet uns den Weg ins Licht. So führt uns das Erkennen und Loslassen hinderlicher Konzepte einen entscheidenden Schritt in Richtung Erleuchtung und tiefer Gelassenheit.

Bettina Büx
Die REGULUS-Botschaften Band IV
Hardcover | € (D) 17,95
ISBN: 978-3-96442-001-5

In Band IV seiner Botschaften analysiert und beleuchtet Regulus das Wesen der Liebe als solche. In eindrucksvoller und erstaunlicher Art definiert und beschreibt er sie als den göttlichen Wesenskern im Menschen und somit als das Höhere Selbst eines jeden von uns.
Er hilft uns, uns selbst zu verstehen und in neuer, nie gekannter Weise zu begreifen. Dabei misst er der Bedeutung der Selbstliebe einen ganz besonderen Stellenwert bei.

Bettina Büx
Die REGULUS-Botschaften Band V
Hardcover | € (D) 18,95
ISBN: 978-3-96442-008-4

In diesen Botschaften äußert sich Regulus erstmalig ausführlich zu den geistigen Hintergründen unserer Welt und ihrer Erscheinungen. Klar und präzise beleuchtet er die geistige Wirklichkeit und damit den wahren Wesenskern der Dinge und Kreaturen, die unseren Planeten bevölkern. Aus einem völlig neuen, übergeordneten Blickwinkel macht er große Zusammenhänge sichtbar und lässt uns die wundervolle Herrlichkeit und Größe der Schöpfung erahnen.

Bettina Büx
Die REGULUS-Botschaften Band VI
Hardcover | € (D) 18,95
ISBN: 978-3-96442-030-5

In seinen sechsten Botschaften beleuchtet Regulus das Wesen unseres Erdenlebens innerhalb der Dualität und zeigt die außerordentlichen Potenziale für Wachstum und Entwicklung auf. Die Dualität begründet die ganz besondere Herausforderung menschlichen Daseins mit all seiner irdischen Leiderfahrung. Hier ist der mutige Blick auf das Selbst gefordert. So thematisiert Regulus auch den Ursprung unliebsamer Emotionen wie Eifersucht, Zorn oder Ungeduld.

Thomas Schmelzer
Die Stille in mir

Taschenbuch | € (D) 12,95
ISBN: 978-3-937883-90-8

Eine Krebserkrankung brachte den Autor vor 25 Jahren von einer existenziellen Krise in eine tiefe Einheitserfahrung. Im Leben zurück verlor sich dieses tiefe Erleben von Frieden wieder. Die Frage: »Was willst DU?«, die während seiner mystischen Erfahrung vor seinem inneren Auge erschien, ließ ihn nicht mehr los. Anhand seiner ganz persönlichen Geschichte und vielen Übungen vermittelt der Autor seine Erkenntnisse des Bewusstseinsweges.

Zensho W. Kopp
Lao-tse: TAO TE KING

Hardcover; € (D) 12,95
ISBN: 978-3-937883-89-2

Das 2500 Jahre alte Tao Te King des chinesischen Weisen Lao-tse ist ein Juwel östlicher Weisheit. Es zählt zu den tiefsinnigsten Büchern der Weltliteratur.
In dieser Neu-Übertragung ist es ZEN-Meister Zensho W. Kopp grandios gelungen, bei strenger Wahrung des Sinngehalts, die ganze mystische Aussagekraft des Werkes zum Ausdruck zu bringen – und so einen vollkommen neuen, tieferen Zugang zu eröffnen.

Zensho W. Kopp
Der direkte ZEN-Weg zur Befreiung
Hardcover, € (D) 14,95
ISBN: 978-3-937883-70-0

In diesem sehr lebendigen Zen-Buch spüren wir die Verwirklichung und Freiheit eines wahrhaft erleuchteten Meisters unserer Zeit, der die besondere Gabe besitzt, die tiefe Weisheit des Zen auf zeitgemäße Weise zu vermitteln.
Knapp, ohne Umschweife, klar und verständlich weist er einen Weg zur Verwirklichung des wahren Seins, der sich mitten im Alltag unserer modernen Welt praktizieren lässt.

Zensho W. Kopp

Wahres Leben aus ZEN

TB-Kompakt | € (D) 9,99
ISBN: 978-3-937883-71-7

Zen-Meister Zenshos praktische Anweisungen zur Zen-Praxis im täglichem Leben machen das Buch zu einer sicheren Orientierungshilfe für den modernen Menschen des Westens. Leicht verständlich veranschaulicht er, worum es in dieser Zen-Praxis geht und wie sie uns zu innerem Frieden, tiefer Weisheit und einem sinnerfüllten Leben führt. Zeitgemäß und absolut lebensnah vermittelt er uns einen direkten Weg zu einem achtsamen, bewussten Leben.

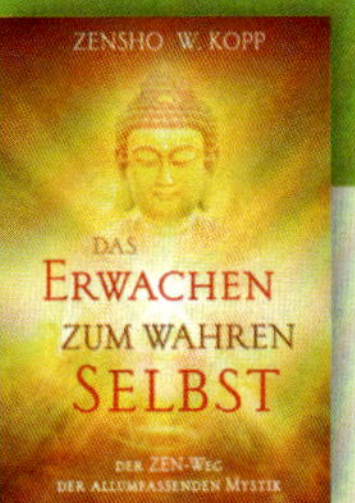

Zensho W. Kopp

Das Erwachen zum wahren Selbst

TB-Kompakt | € (D) 9,99
ISBN: 978-3-937883-82-3

Wir sind so sehr mit den Belangen des täglichen Lebens beschäftigt, dass wir uns selbst verloren haben. Dieses Buch beschäftigt sich mit der Frage nach dem Sinn des Lebens. Denn diese ist letztlich die Frage nach unserem wahren Selbst. Es ist die Frage nach dem, wer und was wir im Grunde unseres Wesens wirklich sind. Der Autor veranschaulicht, wie wir die trügerische Natur unserer Konzepte durchschauen können, sodass wir uns über unsere selbst geschaffenen Begrenzungen erheben.

Woody Hochswender

Der Buddha – das bist DU

Softcover | € (D) 14,95
ISBN: 978-3-937883-61-8

Wer sich schon einmal mit Buddhismus beschäftigt hat, weiß: Er kann ganz schön verwirrend sein.
Dieses Buch liefert fundiert und übersichtlich alles, um mit dem Buddhismus zu beginnen, ein glückliches Leben zu führen und die Erleuchtung – die Buddhaschaft – im jetzigen Leben spürbar zu verwirklichen. Und zwar so, wie Du bist – ohne Dein Aussehen, Deine Ernährungsweise oder Lebensgewohnheiten zu ändern.

Arielle Essex

Coaching mit Herz & Verstand

Softcover | € (D) 17,95

ISBN: 978-3-937883-31-1

Suchen Sie nach einem neuen, frischen Rezept, mit dem Sie Ihr Leben mal so wirklich aufpeppen können? Anstelle der weitverbreiteten Reiß-dich-am-Riemen-Selbsthilferhetorik, weist Arielle Essex einen einzigartigen Pfad durch den Dschungel der emotionalen, physischen und spirituellen Problemzonen. Ihr Ansatz ist einfach: Nur wer sich selbst auf sanfte, liebevolle und kreative Weise nahekommt, wird irgendwann die erste Lichtung im Urwald erreichen können.

A.-B. & C. Oberdorf

Innere Transformation - Äußerer Erfolg

Hardcover | € (D) 19,95

ISBN: 978-3-937883-62-5

In diesem Buch erfahren Sie von sieben Prinzipien, die in Verbindung mit den eigenen Geisteskräften maßgeblich Ihren wirtschaftlichen Erfolg beeinflussen. Die Autoren zeigen Ihnen in diesem Buch einen ganz pragmatischen Weg auf, wie Sie die All-Intelligenz in Ihrem Unternehmen aktivieren können und mithilfe von Geisteskräften erkennen, welche Potenziale Sie schon gut nutzen und wo bzw. wie Sie noch Ressourcen aktivieren können.

Klaus D. Biedermann

Die Kunst des Seins

Softcover | € (D) 19,90

ISBN: 978-3-937883-09-0

In jedem Mensch steckt die Schöpferkraft, ein lebenswertes Leben frei von Unterdrückung und Manipulation, ein Leben in Liebe, vollkommener Gesundheit und innerem und äußerem Frieden zu leben. Um diese Schöpferkraft zu entdecken und nutzen zu können, ist es wichtig, die geistigen Gesetze zu verstehen, die in Ihrem Leben wirken. Leicht verständlich erklärt der Autor wie Sie Ihr Leben durch Anwendung dieser universellen Wahrheiten selbst in die Hand nehmen können.

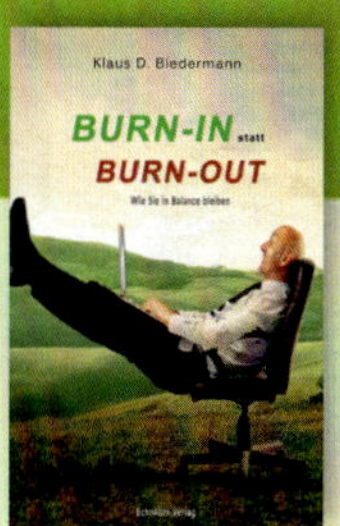

Klaus Biedermann
Burn-In statt Burn-Out

Hardcover | € (D); 19,95
ISBN: 978-3-937883-79-3

Der Autor stellt grundlegende und entscheidende Erklärungen an den Anfang. Statt innerlich auszubrennen, gilt es, im positiven Sinn für etwas zu brennen. Dazu kann es hilfreich sein, das eigene Leben mit allem, was einen als Person ausmacht, infrage zu stellen. Runter von den ausgetretenen Pfaden, schlägt er vor.

Die Meditationen zum Buch

CD | 76 min | € (D) 19,90
ISBN: 978-3-937883-80-9

Klaus Biedermann
Tarot als innerer Spiegel

Softcover | € (D); 19,90
ISBN: 978-3-937883-12-0

Achten Sie auf die leisen Botschaften Ihrer weisen inneren Stimme? Mit diesem Buch werden Sie angeregt, auf sie zu hören. Lassen Sie sich dazu einladen, ihre Botschaften als konkret zu erfahrenden Weg der Bewusstwerdung zu nutzen. Außergewöhnlich intuitive, fundierte Deutungen der einzelnen Tarotkarten und spannende, ungewöhnliche Legebeispiele machen dieses Buch zu einem wertvollen Tarot-Ratgeber und bieten Ihnen hervorragend anwendbare Lebenshilfe.

Andy Schwab | N. Jaeckle
Aura Reading

TB-Kompakt| € (D) 9,99
ISBN: 978-3-937883-35-9

Andy Schwab mit seinem einzigartigen Spektrum an Wissen über die Geistige Welt und seine Co-Autorin führen in diesem praxisorientierten Buch Schritt für Schritt ins Aura Reading ein. Dies ist eine Methode, mittels Meditation und Zeichnung, die eigene Aura und die Aura anderer Menschen zu erkennen, zu deuten und zu entschlüsseln. Gut verständlich liefern die Autoren auch Wissen rund um die menschliche Seele, die Schichten der Aura, die Geistige Welt und spirituelle Gesetzmäßigkeiten.

Rosie Jackson
ICH BIN Lebendigkeit

TB-Kompakt | € (D) 9,99
ISBN: 978-3-937883-32-8

Dieses praktische Handbuch aus der Unity-Tarot-Serie beschäftigt sich mit 10 Qualitäten – u. a. Wissensdurst, Teilnahme am Leben, dem Begrüßen von Neuem, Mut, Abenteuerlust ... –, die ein lebendiges Leben ausmachen. Eine Reihe von Geschichten, Übungen und Meditationen lässt dich Forscher deines Selbst und wagemutiger Entdeckungsreisender werden, damit du deine Berufung und somit auch deine Lebendigkeit finden kannst.

A.-B. & C. Oberdorf
»JA!« – Wie die Kraft der Bejahung Ihr Leben ...

TB-Kompakt | € (D) 9,99
ISBN: 978-3-937883-67-0

»Ja«: Kein anderes Wort hat so viel Kraft, um Probleme in Lösungen zu transformieren und das Leben zu verändern – davon sind die Autoren überzeugt. Schritt für Schritt erfahren Sie, welche verbreiteten Verwechslungen im Denken zu unnötigen Problemen führen und wie Sie diese nachhaltig beenden können. Dieses Kompakt-Buch ermöglicht Ihnen, durch die Kraft der Bejahung Ihr Leben in eine neue Richtung zu lenken.

Maya Fiennes
Yoga for Real Life – für jeden!

Softcover | € (D) 24,95
ISBN: 978-3-937883-40-3

Maya Fiennes einzigartige Herangehensweise, mit der sie unser modernes Leben mit Yoga und Meditation verbindet, basiert auf dem Kundalini Yoga, das mit den inneren Energiezentren arbeitet. Yogahaltungen, Mantras, Atem und Meditation werden zusammengefügt, um Geist und Körper gleichermaßen zu stärken, zu beleben und aufzurichten! Ihr Yoga-Stil ist auf allen Ebenen erhebend und hat sie zu einer der gefragtesten Yogalehrerinnen der Welt gemacht.

Ulrike Vinmann
Karmische Rose

Taschenbuch | € (D) 14,95
ISBN: 978-3-937883-57-1

Zwei ganz unterschiedliche Frauen kennen eine einschneidende, alles durchdringende sibirische Kälte, die den ganzen Körper erfasst. Aber keine von ihnen ist jemals nach Sibirien gereist. Woher kommt diese Empfindung? Der Reinkarnationstherapeutin Ulrike Vinmann ist es im vorliegenden Roman grandios gelungen, dem Leser aus einer übergeordneten Perspektive die Zusammenhänge verschiedener Leben nahezubringen.

Danielle Willert
Traugott

Taschenbuch | € (D) 12,95 €
ISBN: 978-3-937883-69-4

Er ging. Einfach so. Lautlos. So fühlt es sich also an, wenn man den Boden unter den Füßen verliert. »Wie soll ich mit Gott reden, wenn ich doch nicht einmal weiß, wo ich Gott erreichen kann?« Diese Frage stellte Theo Jahre zuvor als kleines Mädchen dem Buchhändler Traugott und er hatte ihr damals mit einfachen Worten die universellen Fragen des Lebens beantwortet und dem Mädchen eine vollständig neue Sichtweise auf die Welt eröffnet. Kann er ihr auch diesmal helfen?

Scott Blum
Libellas Traum

Taschenbuch | € (D), 12,95
ISBN: 978-3-937883-41-0

Dies ist eine zauberhafte Parabel mit autobiographischen Zügen, die eine tiefe und kraftvolle Botschaft in sich trägt. Es ist die Geschichte von Scott, einem wissbegierigen Suchenden, der einem geheimnisvollen Obdachlosen namens Robert mit seinen rätselhaften und wechselnden Botschaften auf Pappkarton, dem verschlafenen Labradorwelpen und einer Vorliebe dafür, das Leben anderer gehörig durcheinanderzuwirbeln, begegnet.

Andrea Dinkel-Tischendorf
Kontakt zu den geistigen Helfern | geführte Meditation
CD | 65 min | € (D) 19,50
ISBN: 978-3-96442-006-0

Deine himmlischen Helfer – deine Engel, deine geistige Führung und weitere Helfer – haben dich ausgesucht, um dich mit all ihrer Liebe und ihrem Wissen während der Zeit auf dieser Erde zu unterstützen. Sie stehen dir immer zur Seite.

Während dieser geführten Meditation kannst du dich ganz bewusst mit ihnen verbinden, deine Wahrnehmung erhöhen und wichtige innere Fragen stellen.

Renate Brettschneider
Heilige Geometrie
geführte Meditation
CD | 85 min | € (D) 19,50
ISBN: 978-3-937883-87-8

Diese Meditationen sind eine Einladung zu einer Reise in die Schöpfungsgeometrien, eine Reise in das Sein hinein und zu einem neuen Blick aus der Schöpfung heraus. Alles was wir aus diesem neuen Winkel des Seins heraus fühlen, denken und wahrnehmen, wird automatisch im Einklang mit der großen Schöpfung sein. Die 10 geführten Meditationen führen dich mitten in die Formen, Strukturen und Bewegungen schöpferischer Ur-Informationen.

Peter Herrmann
Hyperspace Yourself!
geführte Meditation
CD | 67 min | € (D) 19,50
ISBN: 978-3-937883-78-6

Wird die Aufmerksamkeit vollständig auf den physischen Körper gerichtet, erlangen wir Zugang zu unseren subtileren feinstofflichen Körpern und können auf allen möglichen Ebenen bedeutsame Veränderungen herbeiführen. Diese Meditation führt dich über den Körper direkt in die Kohärenz mit dem Hyperraum. Kohärenz im und mit dem Hyperraum ist ein Seinszustand, der dich mit dem verbindet, was du wirklich und wahrhaftig bist – letztlich die Erste Quelle.

Nina Herzberg
Talking to Heaven
Kontakt zu Verstorbenen
CD | 65 min | € (D) 19,50
ISBN: 978-3-96442-019-0

Nimm selbst Kontakt zu deinen Liebsten in der geistigen Welt auf. Nina Herzberg zeigt dir durch zwei einfache Methoden, wie du in der Meditation Kontakt zu deinen Verstorbenen aufnehmen und Botschaften sowie Zeichen erhalten kannst. Bei jedem Menschen sind Wahrnehmung und Hellsinne unterschiedlich ausgeprägt. Daher enthält diese CD jeweils eine Meditation zur hellfühlenden und eine zur visuellen Kontaktaufnahme. Durch diese Meditationen kannst du tiefen Frieden mit deinen Angehörigen finden.

Andy Schwab
Selbstheilung - Fernheilung
CD | 68 min | € 19,50
ISBN: 978-3-96442-011-4

Diese Meditationen helfen dir, dich mit der göttlichen und universellen Heilkraft zu verbinden, dich der geistigen Welt zu öffnen und dich erfüllen, reinigen und stärken zu lassen. Erlaube dir, dass auch du heil sein darfst und sollst – denn du bist ein Teil des Ganzen und darum genauso wichtig wie alle anderen Menschen und Wesen auf dieser Erde.
Nutze die Meditation der Fernheilung, um deinen Lieben spirituelle Heilung und Kraft, Heilenergie und Lebenskraft (Prana) zu schicken.

Andy Schwab
Aura Meditation
Geführte Meditation
CD | 76 min | € 19,50
ISBN: 978-3-96442-012-1

Die Aura ist das Energiefeld, das unseren Körper umgibt und durchdringt. Sie besteht aus vier Ebenen und bildet das feinstoffliche Pendant zum physischen Körper. Mithilfe der Aura- und Herzraum-Meditation wird jede einzelne Aura-Schicht gestärkt und alle vier Ebenen arbeiten harmonisch zusammen. So aktivierst du deine eigenen inneren Kräfte und gelangst bereits nach kurzer Zeit spürbar zu mehr Zuversicht, Gelassenheit, Klarheit, Kraft und Stabilität.

Kilian Bodhi Ameen

Liebesgeschichte von Luzifer und Michael

CD | 70 min | € (D) 19,50

ISBN: 978-3-937883-07-6

Im ewigen Kampf zwischen Gut und Böse meinen viele Weltanschauungen das Recht auf ihrer Seite zu haben. Wir in unserem Alltag tun oft das Gleiche. Auf der Bühne der Dualität, die unsere Schöpfung ist, spielen wir gerne die Rolle des Richters und verhüllen dabei unseren Schatten, um ihn durch andere zu sehen. Die tiefgreifende Geschichte von Luzifer & Michael lädt dich ein, aus diesem Kampf auszusteigen und mit Mut und Würde den Weg der Selbsterkenntnis zu gehen. Den Weg nach Hause.

Peter Herrmann

I am Grateful

Mantra

CD | 60 min | € 19,50

ISBN: 978-3-96442-002-2

Die sanften, kraftvollen Stimmen dieses Mantra Songs sind Balsam für die Seele und die hochwertige Aufnahme in 432-Hz-Qualität wird von der Körperintelligenz erkannt und genutzt – wie flüssiger Klang, der deinen Körper durchströmt.
Lass dich auf eine neue Erfahrung ein und schwebe auf der Dünung einer wohltuenden Klangwoge im Meer der Glückseligkeit.

Nadine Jaeckle

Die Fülle des Augenblicks

Achtsamkeitsmeditation

CD | 60 min | € (D) 19,50

ISBN: 978-3-96442-010-7

Zu oft identifizieren wir uns über unsere Gedanken, machen uns ein Bild von uns selbst, vergleichen uns mit anderen. Das Sein im Jetzt offenbart sich wie ein leises Flüstern. Es eröffnet dir, was du bist, welche Fülle du vorfindest in jedem Augenblick deines Wegs nach innen. Die Achtsamkeitsmeditationen bieten dir einen idealen Einstieg, um dich mit dem Jetzt zu verbinden. Sie lassen dich Lebenskraft in Fülle spüren, diese Kraft, die uns jeden Moment vollumfänglich und ohne Einschränkung zur Verfügung steht.

Dennis O'Neill
Meeresrauschen
Mit heilsamen Subliminals
CD | 70 min | € (D) 19,50
ISBN: 978-3-96442-16-9

Schalte ab, spüre die Naturgewalt und fülle dich mit der powervollen Energie des Meeres auf! Heilsame Subliminal-Botschaften machen diese CD einmalig. Subliminals sind positive kraftvolle Affirmationen, die mit einer ganz bestimmten Frequenz eingewoben werden, die wir nicht aktiv wahrnehmen können, aber vom Körper und Unterbewusstsein aufgenommen werden. 100 kraftvolle bejahende Sätze wurden dem Klangteppich der Wellen unterlegt.

TARENA & Friends
Sacred Space | Vol o1
Sounds from the Universe
CD | 62 min | € 19,50
ISBN: 978-3-96442-005-3

Diese sphärischen Klänge öffnen jenen Raum in dir, durch den du mehr und mehr mit deinen eigenen Gefühlen in Kontakt treten kannst. Sie führen dich zu deinem eigenen Entwicklungs- und Heilungsprozess und bringen dich in eine körperliche wie auch seelische Balance. Die Musik eignet sich hervorragend zum Relaxen und zur Meditation. Lass die Welt für kurze Zeit hinter dir und tauche ein in die göttliche Frequenz. Öffne dich für den heiligen Raum – Sacred Space!

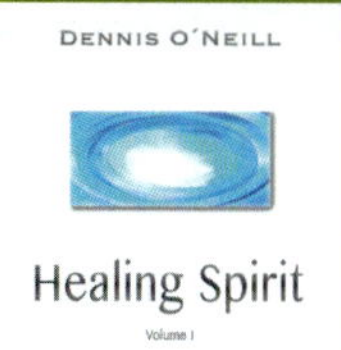

Dennis O'Neill
Healing Spirit
Volume o1
CD | 51 min | € 19,50
ISBN: 978-3-96442-017-6

Klare, wundervolle und herzberührende Melodien werden getragen von sanft fließenden Rhythmen und sphärischen Klangfedern, welche ein Gefühl der Leichtigkeit und des Angehobenseins aufkommen lassen. Eingewebt sind Naturklänge wie Meeresrauschen, die zusammen mit den melodischen Klängen der Gitarre, Flöte und Violine eine entspannende Wirkung verbreiten.

Seine engsten Vertrauten nach einer Krankheit oder auch nach einem erfüllten Leben loslassen zu können, ist für die Hinterbliebenen nicht einfach. Sie fehlen und wir wünschen uns eine Nachricht oder ein kurzes Zeichen. Meist ist uns nicht bewusst, dass sie noch immer an unserer Seite sind und nur darauf warten, uns unterstützen zu können.

In diesem Online-Kurs lernst du, die Energie deiner Verstorbenen und ihre Botschaften wahrzunehmen und neue Kraft und Mut für dein eigenes Leben zu finden. Der größte Wunsch aller Verstorbenen ist es, zu sehen, dass es dir wieder besser geht und du ein glückliches Leben hast.

In diesem Kurs lernst du:

- eine Verbindung mit deinen Verstorbenen aufzubauen
- deine Beziehung zu deinen Verstorbenen zu stärken und diese spürbarer zu machen
- den Kontakt zu den Verstorbenen im Alltag zu integrieren
- Zeichen aus der geistigen Welt besser wahrnehmen zu können und zu deuten
- deine eigene Energie mehr und mehr zu spüren und diese von anderen Menschen und der Energie der geistigen Welt unterscheiden zu lernen
- deine Hellsinne zu erkennen und zu trainieren
- deine Trauer besser zu verarbeiten
- den Sterbeprozess besser zu verstehen
- Schuld und Ängste zu lösen

Der Kurs besteht aus:

- 9 Video-Lektionen mit insg. 11 Videos (250 min. Filmmaterial)
- 4 geführte Meditationen zum Downloaden
- 5 Bonus-Videos mit persönlichen Tipps
- 1 ganz persönliches Interview mit Nina Herzberg
- 20 seitiges Workbook

Registrieren und Lektion 1 kostenlos erhalten

Alle weiteren Informationen und eine kostenlose Lektion findest du unter:
www.echnaton-verlag.de

Kilian Bodhi Ameen
Mutter Erde & Vater Himmel
CD | geführte Meditation | € (D) 19,50

Die zwei Urkräfte der Schöpfung werden oft als polar und gegensätzlich erfahren. Weiblich – Männlich, Mikrokosmos – Makrokosmos, Materie – Geist. Die persönliche Verbindung zu Mutter Erde und Vater Himmel ermöglicht es dem Zuhörer sich mit diesen Kräften in eine ergänzende, ernährende und erfüllende Dreieinheit zu erfahren.

Kilian Bodhi Ameen
Die Verbindung zum Inneren Kind
CD | geführte Meditation | € (D) 19,50

Eine spielerische und kraftvolle Begegnung mit der Ebene, in der wir noch Kind sind. Dieser für spirituellen Wachstum sehr wichtige Kontakt führt dich zurück in die liebevolle Unschuld, womit jeder Mensch seinen Lebensweg einst begonnen hat.

Kilian Bodhi Ameen
Die Reise zum Krafttier
CD | geführte Meditation | € (D) 19,50

Schon vergessen, wie sich pure Kraft anfühlt? Dein Krafttier zeigt dir ohne Umwege, welche Kräfte und Gaben in dir wohnen und noch in diesem Leben an das Tageslicht möchten. Traue dich aus dem Schatten heraus und stürze dich voller Freude in die Möglichkeiten deines Lebens.

Liebe nicht möglich, denn sie ist der ewige Quell, aus dem alles hervorsprudelt. Liebe ist der Urstoff alles Seienden, in dieser wie auch in jeder anderen Dimension. Wer das Leben nicht liebt, der hat es nicht verstanden. Wer das Leben nicht liebt, der schafft eine unselige Trennung, wie sie tragischer und absurder kaum sein könnte. Sie kommt dem müßigen Unterfangen gleich, das Licht von seiner Helligkeit trennen zu wollen. Dies ist jedoch allzeit unmöglich, denn beide bedingen sich gegenseitig und sind eins.

Oftmals verwechselt der Mensch die Ebenen. Er verwechselt die Ebenen von Haben und Sein, so auch hier: Du hast kein Leben, nichts und niemand hat das. Du bist Leben! Dabei halten wir den Fokus unserer Betrachtungen auf die ewige Tatsache gerichtet, dass Leben ein Synonym ist für Liebe. Leben ist Liebe und Liebe ist Leben. In dem Maße, in dem Du das Leben liebst, kann es sich Dir im Umkehrschluss als Liebe offenbaren. Wo das Leben nicht geliebt wird, da ist der Mensch erblindet für all dessen Segnungen und Geschenke und letztlich und vor allem für sich selbst. Es ist unmöglich, sich selbst zu lieben bei gleichzeitiger Verachtung und Geringschätzung seines Lebens. Jeder einzelne Schlag Deines Herzens legt Zeugnis für Dich ab, Zeugnis der Größe und Heiligkeit Deines Lebens, die auch die Deine ist.

Bei jedem Deiner Atemzüge bietet das Leben sich Dir an, auf dass Du es freudig ergreifen mögest. Jeder Atemzug ist ein Freundschaftsangebot des Lebens an Dich. Das Leben bietet Dir seine Freundschaft an und diese Einladung ist eine immerwährende. Das Leben ist Dein Freund, ein Freund, wie er beständiger in seiner Treue nicht sein kann, denn der heilige Bund Gottes mit seiner Schöpfung währt ewig.

Ihr alle sehnt Euch zurück. Ihr sehnt Euch nach Eurer göttlichen Heimat und seht nicht, dass Ihr doch längst dort seid. Die Liebe des himmlischen Vaters ist immer und überall, so auch jetzt und hier. Ihr alle wollt endlich ›ankommen‹. Wir aber sagen Euch – allem Anschein zum Trotz –, Ihr seid nie losgegangen. Alles-was-Ist ist allzeit überall. Gott hat seine Kinder niemals verlassen, denn es kann keine Zeit, keinen Raum und keine Dimension geben, die da gottlos wäre. Es gibt kein Außerhalb-von-Gott. Die viel zitierte und gefürchtete Vertreibung aus dem Paradies hat, so wie sie gelehrt und interpretiert wird, niemals stattgefunden. Welch liebender Vater würde so etwas tun? Welch liebender Gott könnte so etwas wollen? Und so könnte die Verzerrung der göttlichen Wirklichkeit grausamer nicht sein. Die Verbannung aus den Himmeln ist ein Bildnis, eine Metapher für den im Menschen erwachenden freien Willen, und legt Zeugnis ab für die Bedingungslosigkeit göttlicher Liebe, die keine Grenzen kennt.

Die Heimkehr ins Paradies ist sozusagen lediglich eine Frage des Liebesbewusstseins, etwas anderes ist es nie gewesen und wird es niemals sein. Liebe ist allzeit der Schlüssel. Sie ist die einzige und ewige Antwort auf jede nur erdenkliche Frage. Eure himmlische Heimat, sie ist immer nur einen Liebeshauch von Euch entfernt und es stand und steht Euch jederzeit frei, sie zu betreten. Sie ist Euch allezeit völlig frei zugänglich. Es obliegt Eurer Wahl, Euch in der Illusion von Trennung, Angst, Schuld und Einsamkeit zu verlieren oder aber, Euch auf Euch selbst zu besinnen.

In der Liebe findet Ihr Heimat und nur hier kann sie sein. Nichts ward je geschaffen, das woanders Heimat finden könnte. Sobald Du liebst, kommt Dein rastloses Herz zur

Ruhe und Dein aufgepeitschtes Gemüt findet Frieden. Hier bist Du zu Hause, hier bist Du angekommen. Endlich!

»Des Menschen Heimat ist Gott und
dem Geheimnis von Gottes Liebe
verdankt er seine Entstehung.
Der Mensch ist ein Bild Gottes und
ein Partner aller Kreaturen der Welt.
So war es Gottes Plan
von Anfang an.«
Hildegard von Bingen

Die Nadel im Heuhaufen

Meine liebe Freundin, mein lieber Freund, in Band III unserer Botschaften war bereits die Rede vom sogenannten Höheren Selbst im Menschen. Wenn wir es eher selten in dieser Weise thematisieren, dann aus gutem Grunde.

Sowie Ihr einem Konzept einen Begriff, einen Namen, zuordnet, habt Ihr Euch schon von ihm distanziert und ihn getrennt wahrgenommen. Diese illusionäre Kluft zu überbrücken, ist unser Bestreben und im Grunde und in Wahrheit tun wir in all unseren Botschaften nichts anderes. Im weiteren Verlauf unserer Offenbarungen war vermehrt die Rede vom ›göttlichen Du‹, eine Bezeichnung, der Du Dich schon näher fühlen kannst. Zahllose Schriften versuchten und versuchen sich bis zum heutigen Tage darin, das Unbenennbare zu benennen und das Unbegreifliche zu begreifen. Der tiefe Drang und die brennende Sehnsucht des Menschen, sich selbst zu verstehen, sein Ringen um Selbsterkenntnis, ist unwiderstehlich und drängt allzeit aus den Tiefen seiner Seele empor. Die Seele dürstet nach Gewahrsein und Ausdruck ihrer selbst.

Zahlreiche Aufzeichnungen, die sich die Annäherung an das Höhere Selbst zur Aufgabe gemacht haben, sprechen vom ›göttlichen Funken‹, eine Umschreibung, die so gar nicht nach unserem Geschmack ist. So sehr diese Bezeichnung auch den Kern der Sache treffen mag, so ist sie doch auch Quelle für Missverständnis und falsche Assoziationen:

›Göttlicher Funke‹, das klingt so winzig klein. Diese Formulierung vermittelt ganz viel Mensch und ganz wenig Gott. Die Suche nach dem Schöpfer scheint wenig erfolgversprechend, wenn nicht gänzlich hoffnungslos, und mutet an wie die Suche nach der Nadel im Heuhaufen. Die Vergegenständlichung des Göttlichen kommt erschwerend hinzu. Diese Bezeichnung wird der Wirklichkeit Gottes und damit auch der Deinen in keiner Weise gerecht.

Nun liebe Freunde, lasst Euch gesagt sein, dass es nicht eine einzige Faser Eures Seins geben kann, die da ohne Gott wäre, nicht eine einzige Zelle in Eurem Körper, nicht die feinste Gefühlregung und nicht der flüchtigste Gedankenhauch. Ohne Gott gibt es kein Leben und kein Sein. Jetzt magst Du Dich fragen, welcher Teil von Dir denn nun göttlich ist und welcher menschlich? Wo hört der Mensch auf und wo fängt Gott an? Du suchst die alles entscheidende Trennungslinie. Und genau hier liegt der große Denkfehler des Menschen, denn es gibt keine! Diese Trennungslinie gibt es nicht. ›Höheres Selbst‹, ›göttlicher Funke‹, ›göttliches Du‹: All das bist Du und Du bist es immerzu und ganz und gar. ›Höheres Selbst‹ ist nur ein anderer Name für Deinen eigenen.

Das Höhere Selbst umschreibt einen Bewusstseinszustand. Du bist es immer ganz und gar, aber – das weißt Du nur zu gut – Du bist Dir dessen nicht immer bewusst. Du bist Dir Deiner göttlichen Liebesnatur nicht immer bewusst und diese schmerzliche Trennungsillusion, der die Angst auf dem Fuße folgt, ist Dir vertrauter als Dir lieb sein kann. Immer dann, wenn Du dem Trennungsgedanken und der daraus resultierenden Angst anheimfällst, siehst Du Dich als Mensch und wähnst Dich also als ein von Gott getrenntes

Einzelwesen – einsam, verlassen, vergessen. Dies ist das Wesen der Illusion. Magst Du auch noch so tief in ihr versinken und Dich darin verstricken, wirkliche Trennung ist ewig vollkommen unmöglich. Das Göttliche in Dir ist kein Funke, den Du anzünden und auslöschen kannst, es ist die Essenz Deines Seins.

Bist Du auch in Deiner tiefsten Menschlichkeit, so bist Du indes auch dann noch ganz und gar Höheres Selbst. Was glaubst Du, wer Dir die Freiheit der Selbstwahrnehmung schenkt und somit die Option der Fehlwahrnehmung zur Wahl stellt? Dein himmlischer Vater spaltet Dich nicht auf. Er sortiert und trennt Dich nicht nach liebsamen und ungewollten Eigenschaften und Wesensaspekten.

Die Identifikation mit Deinem Höheren Selbst führt über den Weg der Selbstliebe, die das Ende jeder Leiderfahrung einläutet und schließlich besiegelt. Höheres Selbst ist nur ein anderes Wort für Liebe. Höheres Selbst ist nicht etwas, das Du werden musst, denn Du bist es schon und Du warst es immer. Du musst Dich lediglich daran erinnern. Du musst es nur wissen. Das genügt!

»Die Liebe macht den Menschen zu Gott
und Gott zum Menschen.«
Ludwig Feuerbach

4. Teil

Wes Geistes Kind

Unbefangenheit

Mein lieber Freund, meine liebe Freundin, Unbefangenheit ist eine ganz besondere Form der Freiheit, die von einer Art Losgelöstheit charakterisiert ist. Diese Form der Freiheit ist bei Euch Menschen fast ausschließlich in der Kindheit zu finden, bevor sie sich im Laufe der Jahre mehr und mehr verliert. Freiheit wovon und Freiheit wofür? Unbefangenheit ist eine Haltung der Offenheit, einem leeren Gefäß vergleichbar, in das sich jede denkbare Flüssigkeit ergießen kann.

Unbefangenheit ist Leichtigkeit und so geht mit ihr immer auch ein gewisser heiterer Frohsinn einher. Kinder sind unbefangen. Noch unbeladen vom Erfahrungsschatz des Erwachsenen, gehen sie leichtfüßig, offen und frei durchs Leben. Wir sagen damit sicherlich nicht, dass die kindliche Seele ein unbeschriebenes Blatt ist. Dem winzigen Samenkorn gleich, das den ganzen Baum bereits in sich trägt, ist auch die Kinderseele von ihrer Anlage her bereits erfüllt von ihrem vollen Potenzial.

In neuerer Zeit ist immer wieder die Rede vom sogenannten ›inneren Kind‹. Der Mensch ist sozusagen bemüht, zu seinen Wurzeln zurückzufinden und zur Unbefangenheit seiner jungen Jahre. Diese Zeit ist geprägt von einem Gemütszustand, den man in gewisser Weise auch als Reinheit bezeichnen könnte. In den Anfängen seines Lebens ist der Mensch noch rein von Voreingenommenheit und Vorurteil. Wir erinnern an das leere Gefäß. Die Faszination der frühen

Jahre bleibt ein Leben lang ungebrochen, sie ist einem malerischen, verheißungsvollen Sonnenaufgang vergleichbar. Das kindliche Herz ist weit, es ist offen für das Leben als solches wie auch für sich selbst und das eigene Sein. Mit neugieriger Spannung harrt es der Dinge, die da kommen mögen, um sie in freudiger Ungeduld und freudigem Ungestüm zu erforschen. Hierin liegt das Geheimnis kindlicher Weisheit.

Die Weisheit der kindlichen, unbefangenen Geisteshaltung beweist sich in dem Umstand, dass sie von Frohsinn begleitet und gekennzeichnet ist und so gibt es für uns hier viel zu lernen. Wir wissen, dass Heiterkeit und Frohsinn immer und ausnahmslos verlässliche Wegweiser sind, denn Wege zum Glück führen geradewegs zur Liebe. Das Kind ist also noch offen für das Leben und für sich selbst. Wie können wir, die wir erwachsen sind, diesen Gemütszustand für uns wiederentdecken und uns die Reinheit des kindlichen Herzens zurückerobern?

Wir wissen, dass Liebe allzeit das Mittel der Wahl ist, so auch hier. Die Liebe zum Selbst und somit zum eigenen und einzigartigen Sosein fegt jedwedes Urteil, das Du über Dich gefällt haben magst, hinweg wie von Zauberhand. Dies vermag nur die Urgewalt der Liebe. Die Last Deines Urteils mag noch so schwer wiegen, die Selbstliebe nimmt sie Dir mit selbstverständlicher Leichtigkeit von Deinen Schultern.

In der Unbefangenheit Dir selbst gegenüber findest Du zurück zu Deiner verloren geglaubten inneren Mitte. Nunmehr kannst Du Dich selbst ohne Furcht und Argwohn beobachten, Dir beim Leben ›zusehen‹ und Dich erkunden und erforschen. Unbefangenheit ist mit einer Waage vergleichbar, die in völligem Gleichgewicht ist, denn nunmehr hast Du Dich von allem Schweren und Bedrückenden frei gemacht. Abgeworfener Ballast fällt nicht ins Gewicht, gerade so, als sei er nie gewesen.

Der Unvoreingenommenheit für Dich selbst folgt die Offenheit für das Leben so sicher auf dem Fuße, wie der nächste Sonnenaufgang der Nacht folgt. Das Leben ist gegeben, Dich selbst zu erkennen. Die offene, urteilsfreie Herangehensweise öffnet Dir die Augen für das Wunder des Lebens als solches mit all seinen Segnungen und Chancen. Nunmehr öffnen sich völlig neue Türen der Selbsterkenntnis. Wege, die vormals durch Vorurteil vorgegeben waren, machen neuen Platz und schaffen Raum für neuartige, beglückende Erfahrungen. Du siehst die Welt und das Leben mit anderen Augen, weil Du Dich selbst mit anderen Augen siehst.

Wir haben immer wieder betont, dass alles in Deinem Leben mit Deiner Selbstwahrnehmung steht und fällt. Kinder erforschen die Welt und das Leben vorbehaltlos, damit sie es verstehen und einordnen können. Das Kinderherz kennt keinen Dünkel. Anders als der Erwachsene, der schon alles zu wissen glaubt, erwartet ein Kind kein vorgegebenes Resultat. Kinder wissen nicht, Kinder lernen! Aus diesem Blickwinkel betrachtet, ist der Schüler weiser als der Lehrer und Ihr würdet alle gut daran tun, hin und wieder die Rollen zu tauschen. *(Anm. der Verfasserin: Scherzhaft gesagt.)*

Das wohl größte Geschenk, das Dir die Unbefangenheit anzubieten hat, ist der veränderte, berichtigte Blick auf Deinen himmlischen Vater. Du bist Dir selbst das Maß aller Dinge, denn ein anderes hast Du nicht und kannst Du niemals haben. Nur da und dort, wo Du unbefangen und somit ohne

Vorurteil auf Dich selbst blickst, kannst Du es auch auf Deinen Gott. Nunmehr frei von Angst, kannst Du ihn vorbehaltlos erforschen und erkunden. Gott ist Liebe. Im unbefangenen Umgang mit ihm wirst Du Dir dessen schließlich gewahr, denn Unvoreingenommenheit befreit von Angst. Wo aber die Angst schwindet, da bleibt nur Liebe und nichts als Liebe, denn sie ist das einzige, auf ewig von Gott vorgegebene Resultat.

»Beobachten Sie mit Unbefangenheit,
legen Sie den Dingen nichts von
dem Ihrigen bei und unter.«
Johann Wolfgang von Goethe

Treuherzigkeit

Meine liebe Freundin, mein lieber Freund, kommen wir nun zum wunderschönen Wort ›Treuherzigkeit‹ und schauen wir gemeinsam, was es mit diesem Begriff auf sich hat. Eure Wörterbücher setzen die Treuherzigkeit oftmals mit Arglosigkeit gleich. Ein treuherziger Mensch ahnt demnach nichts Böses. Dies trifft den Kern der Sache in ganz besonderem Maße und weitaus mehr, als Euch bewusst sein dürfte. Wenn wir uns die Treuherzigkeit genauer ansehen, wird uns klar, dass Treuherzigkeit, wie auch die Unbefangenheit und die Albernheit, auf die wir im Anschluss zu sprechen kommen, allesamt Merkmale des kindlichen Gemütes sind.

Unbefangenheit, Treuherzigkeit und Albernheit sind sozusagen die drei tragenden Säulen, auf denen die kindliche Seele ihr Lebensgebäude errichtet. Wir sprechen also hier von Seelenattributen und damit von Eurer göttlichen Grundausstattung. Nun ist es so, dass eine Seele ist, was sie ist, nichts geht jemals verloren. Von Natur aus mit diesen drei hinreißend liebenswürdigen Qualitäten ausgestattet, beginnt jeder Mensch seine Seelenreise in und durch die Materie. *(Anm. der Verfasserin: In besonderer Weise sanft und liebevoll.)*

Die Dinge sind nur selten das, was sie scheinen. Eure Sicht ist oftmals pervertiert und verzerrt, so auch bei kindlicher Arglosigkeit. Treuherzigkeit wird meist in die Nähe negativ besetzter Eigenschaften wie Dummheit und Naivität gerückt oder gar damit gleichgesetzt. Wir aber sagen Euch, dass das genaue Gegenteil der Fall ist. Der treuherzige Blick ist der direkte Blick hinein in die göttliche Wirklichkeit der Dinge. Kinder sehen klar! Nichts Böses ahnend und erwartend, ist die Kinderseele der ewigen göttlichen Wahrheit sehr viel näher als der Erwachsene mit all seinen Zweifeln und Befürchtungen. Das Kind kennt kein Misstrauen dem Leben gegenüber, seine Seele ist der göttlichen Wirklichkeit noch in besonderer Weise nahe und verbunden.

Die in spirituellen Kreisen viel beschworene Heilung des inneren Kindes ist völlig nachvollziehbar und legitim. Auch wir sprechen an dieser Stelle von Heilung, wir zäumen das Pferd jedoch von der anderen Seite auf, denn hier ist die Rede von Heilung durch das innere Kind. Das Kind in Dir, es hat Dir so viel zu sagen. Es erinnert Dich daran, wer Du warst und wer Du bist. Das innere Kind hat seine Heimat auf dem Seelengrund. Hier lacht es, hier spielt es und freut sich des Lebens. Und es rennt Dir freudig entgegen und ruft Dir zu: »Freu' Dich Deiner selbst und des Lebens und vertraue!«

Die kindliche Treuherzigkeit ermöglicht die direkte Anbindung an Deine göttliche Wirklichkeit. Sie öffnet und schärft Dein Bewusstsein und Dein Gespür für die ewige Unversehrtheit Deiner Seele. Vollkommen unverletzt und unbeschadet wandert und reist sie durch die Ewigkeit. Die Kinderseele weiß das! Sie ist noch frei von Trennungsangst und Verlassenheitsgefühl. Und so steht die Treuherzigkeit in direkter und unmittelbarer Verbindung zum liebenden Schöpfer. Treuherzigkeit ist Vertrauen, sowohl in das eigene Sosein als auch in die unverbrüchliche Liebe des himmlischen Vaters. Treuherzig ist, wer sich selbst im Herzen treu ist. Das blinde Vertrauen in den heiligen ewigen Bund Gottes mit seiner Schöpfung liegt der Treuherzigkeit zugrunde und bestärkt und bekräftigt sie gleichermaßen.

Die Seele ist ewig unangreifbar. Punktum. Als erwachsener Mensch, beladen und belastet mit allerlei Erfahrungen, Ängsten und Illusionen, magst Du den ungetrübten Blick für diese Tatsache verloren haben. Du hast Dich selbst vergessen! Das Kind in Dir, es weiß es besser! Die Seele vergisst nicht! Erlaube dem Kind in Dir, Dich zu heilen. Weise und sanft wird es Dich zu der Einsicht führen, dass es nichts zu heilen gibt. Die Erkenntnis jedoch, dass es nichts zu heilen gibt, ist die einzige Heilung, die es geben und die Du brauchen kannst. Nun aber hat jeder Argwohn gegen Dich selbst, gegen das Leben und gegen Gott ein jähes Ende. Die Seele vergisst nicht!

»Wirklich ist jedes Kind gewissermaßen ein Genie
und jedes Genie gewissermaßen ein Kind.«
Arthur Schopenhauer

Albernheit

Mein lieber Freund, meine liebe Freundin, Albernheit ist eine ganz besondere Spielart des Humors und verdient genauere Betrachtung. Albernheit ist das Spiel der Seele mit sich selbst. Kinder sind albern, weil sie diese hinreißend liebenswerte Form des Spiels noch nicht verlernt haben und unbefangenen Umgang mit ihrer Seele pflegen. Kindliche Albernheit ist eine entzückende Art der Selbstvergessenheit, ein emotionaler Purzelbaum. Nur im Klima unbeschwerter, sprudelnder Lebensfreude kann sie sich Ausdruck verschaffen.

In Eurer Gesellschaft hat kindliche Albernheit oftmals den schalen Beigeschmack des Einfältigen und Törichten. Wie bei der Unbefangenheit und der Treuherzigkeit, ahnen wir auch hier, dass dem eine tragische Wahrnehmungsverzerrung zugrunde liegen muss. Kinder sind weise! Albernheit ist Grenzüberschreitung. Indem sie die Vernunft einfach ignoriert, überschreitet sie die Grenze des Verstandes und schlägt ihm ein Schnippchen. Wem das töricht erscheint, der solle sich doch einmal anschauen, wohin die Vernunft Euch und Eure Welt gebracht hat.

Kinder haben einen ausgeprägten Sinn für sorglosen Unfug und freche Narretei. Welch eine Wonne, einem Kind bei derlei Schabernack zuzusehen. Albernheit ist eine charmante Liebeserklärung an das Leben und ebendiese Liebe ist Euch Erwachsenen oftmals abhandengekommen. Für das Kind mag Albernheit noch zum Selbstverständnis gehören, für den Erwachsenen ist sie die pure Arznei. Immer dort, wo der erwachsene Mensch sich ein Stück Kindheit bewahrt hat und die Albernheit seiner jungen Jahre ins Erwachsenenalter hinüberretten konnte, ist er heil. Wenn der Erwachsene sich Albernheit erlaubt, sagt das Kind in ihm: »Hey, ich bin noch da und es geht mir gut!«

Warum ist Albernheit so heilerisch und wohltuend? Was ist das Geheimnis des Spiels mit der eigenen Seele? Wenn das Leben ihr ein Bein stellt, dann pflegt unser Medium nicht selten zu sagen: »Gott hat den Schalk im Nacken!« Und sie hat recht. Albernheit spiegelt das Wesen Gottes. Sie erinnert daran, wie das Leben gemeint ist und was es sein sollte: ein nie endendes Fest ausgelassener Heiterkeit und ungestümer Lebensfreude.

Wir wiederholen es gerne: Gott hat den Schalk im Nacken! Die kindliche Seele erinnert sich noch daran und greift diesen göttlichen Wesensaspekt gerne und dankbar auf. Hier wird die spielerische Seite des Lebens ganz deutlich und offenbart sich mit unwiderstehlichem Charme. Dieser emotionale Schulterschluss mit dem Schöpfer steht auch dem Erwachsenen jederzeit frei. Albernheit ist kein Luxus, der dem Kinde vorbehalten bleibt. Albernheit ist eine Lebenseinstellung! Sie ist eine Einstellung zum Leben, wie sie weiser kaum sein kann. Albernheit ist Herumtollen mit Gott und Er[1] könnte kaum je größere Freude an Dir haben. Wer sich das kindlich-offene Herz für Unfug und Schabernack bewahrt hat, der hat das Leben verstanden.

[1]Entgegen der Rechtschreibreform wird auf die Großschreibung der direkten Anrede zurückgegriffen. Dies ist ebenso der Fall bei allen Anreden, die sich unmittelbar auf Gott beziehen.

Wenn Du Unsinn im Sinn hast, dann bist Du ganz nah dran, den Sinn des Lebens zu verstehen. Ein alberndes Kind mag niedlich sein, ein albernder Erwachsener ist lieblich, hinreißend und bezaubernd. Was beim Kinde noch selbstverständlich ist, ist im weiteren Verlauf des Lebens weise und klug.

Der viel beschworene Ernst des Lebens macht Humor und Albernheit unverzichtbar. Das Leben ist wichtig, viel zu wichtig, um es freudlos zu verbringen. Gott gab Euch die Lebensfreude, sie auszudrücken und zu genießen. Der ganze Reiz des Lebens definiert sich letztlich durch die Freude daran, denn Freude ist ein Derivat der Liebe. Die Empfindung tiefer Lebens- und Daseinsfreude ist eines der schönsten Geschenke Gottes an seine Schöpfung. Niemand kann einen anderen fürchten, mit dem er ehrlich und aus ganzem Herzen lachen kann. Albernheiten sind die ›Sommersprossen des Lebens.‹

»Mische ein bisschen Torheit in
dein ernsthaftes Tun und Trachten.
Albernheiten im rechten Moment
sind etwas Köstliches.«
Horaz

5. Teil

Die 7 Lebensprinzipien

Urvertrauen

Meine liebe Freundin, mein lieber Freund, im Zuge wohl gemeinter, spiritueller Bemühungen wird das irdisch-materielle Dasein des Menschen oftmals zugunsten der geistigen Daseinsform gering geschätzt. Viele unter Euch fühlen sich wie zufällig auf dem falschen Planeten gelandet, gestrandet oder – schlimmer noch – wie ein ausgesetztes Kind. Als sei dem nicht schon genug des Unguten, wird der physische Körper zu einer Art Kerker der Seele degradiert und regelrecht verunglimpft. Wen darf es da wundern, dass es Euch an Verwurzelung im Leben fehlt?

Du und jeder Einzelne von Euch seid hier aus gutem Grunde. Die göttliche Weichenstellung versagt niemals. Der Zug des Lebens bringt Dich immer und unfehlbar an den für Dich richtigen Ort. Die Welt ist keine vernachlässigte Strafkolonie am Rande des Universums. Jede Seele hat die denkbar besten Gründe dafür, sich auf eine Inkarnation unter Erdenbedingungen einzulassen. Freudig geht die Seele in die Materie und diese Freude sollte den Menschen ein Leben lang begleiten. Du bist kein Strandgut des Lebens. In Gottes Plan gibt es weder Chaos noch Willkür. Nicht eine einzige winzige Mücke gibt es auf Erden, die da ›zufällig‹ da wäre. Um es mit den Worten von Albert Einstein zu sagen: »Gott würfelt nicht!«

Der tiefe, unerschütterliche Glaube an die Sinnhaftigkeit in allem und jedem lässt Dich auch in dunklen und schweren Stunden auf ein gesundes, solides Urvertrauen zurückgreifen. Nur in diesem Urvertrauen können Sicherheit und Stabilität gefunden werden. In dieser Weise gut geerdet, bist Du vortrefflich gewappnet für die Stürme des Lebens. Wenn von ›Erdung‹ die Rede ist, dann ist immer die Erdung innerhalb der Welt und somit die tiefe Verwurzelung mit der Materie gemeint. Dies ist soweit völlig korrekt und auch angemessen, denn schließlich ist sie ja Eure derzeitige Wohnstatt.

Wirkliche, solide Verwurzelung geht jedoch weitaus mehr in die Tiefe. Wir reden von der Erdung im Leben selbst und im Dasein als solches. Wir reden von der Verwurzelung in Gott. Wir reden von Urvertrauen! Dies schmälert den unermesslichen Wert der physischen Inkarnation nicht im Geringsten, in keiner Weise, sondern ergänzt ihn um eine weitere, tiefere Dimension. Urvertrauen ist mehr als eine zwangsläufige Notwendigkeit unter irdisch-materiellen Bedingungen, mehr als eine hilfreiche Stütze zum Zwecke des Überlebens in einer schwierigen Welt, die dem Menschen bekanntlich nichts schenkt. *(Anm. der Verfasserin: Scherzhaft gesagt.)*

Urvertrauen ist ein Lebensprinzip. Es ist ewiges, allgegenwärtiges Lebensprinzip. Urvertrauen ist nicht an eine Dimension gebunden, nicht an die irdische, nicht an die jenseitige und auch an keine andere. Urvertrauen durchwebt die gesamte wundervolle Schöpfung, die materielle wie auch die geistige. Es verbindet alle Welten, sichtbare wie unsichtbare. Letztlich spielt es keine Rolle, ob Du an Raum und Zeit gebunden oder freier Geist bist. Ohne Urvertrauen wird das Leben zur beschwerlichen Mühsal, denn dann fühlst Du Dich wie ein Fähnlein in rauem Winde. Ohne Urvertrauen glaubt sich der Mensch fremden Mächten und

Kräften ausgeliefert, die er weder verstehen noch beherrschen kann, und das ist immer angsteinflößend.

Urvertrauen ist immer gerechtfertigt. Es rechtfertigt sich aus der allumfassenden Liebe des Schöpfers und damit aus sich selbst heraus. Urvertrauen sagt: »Es ist alles gut.«

Wer um die Liebe des himmlischen Vaters weiß, der muss denn auch nicht lange nach dem Beweis dafür suchen: Es ist alles gut, weil es ist, wie es ist. Es ist alles gut, sonst wäre es nicht!

»Vertrauen zu Gott bringt Rat vom Himmel,
der so sanft niedertaut wie der Regen
aus den Wolken.«
Antonio Pérez

Unschuld

Mein lieber Freund, meine liebe Freundin, über die Illusion der Schuldfähigkeit sprachen wir ausführlich in Band I unserer Botschaften. Was genau ist Unschuld? Unschuld ist Schuldunfähigkeit. Meist wird sie mit dem kindlichen Gemüt in Zusammenhang gebracht und darauf reduziert. Hier seid Ihr einem fatalen Irrtum erlegen, einem Trugschluss, wie er verhängnisvoller kaum sein kann – im wahrsten Sinne des Wortes –, denn nunmehr verhängt Ihr ein Urteil über Euch selbst.

Unschuld wird deshalb dem Kinde zugeschrieben, weil Ihr sie mit der Abwesenheit von Sexualität assoziiert. Doch Unschuld ist keine Frage des irdischen Lebensalters und seiner entsprechenden Entwicklungsstufe. Unschuld ist gottgegebenes Lebensprinzip und damit seiner gesamten Schöpfung inhärent. Sie ist der natürlichste aller Seinszustände und – im Grunde und in Wahrheit – der einzig existente. Unschuld ist so unantastbar wie alles, was Gott schuf.

Sexualität hat nichts mit Schuld zu tun. In Band I sprachen wir über diese größte aller göttlichen Gaben an den Menschen. Eure sexuellen Empfindungen reichen bis tief auf den Seelengrund. Diesem Umstand ist die weltweite Ächtung Eurer wundervollen Sexualität geschuldet. Ihr fürchtet Euch selbst und die Tiefe Eurer Emotionen. Über die Illusion von Trennung und Schuld sprachen wir zur Genüge. In der Ächtung der Sexualität zeigt sie sich und ihre fatalen Folgen in ihrer ganzen Tragik.

Sexualität ist emotionale Erschütterung, keine andere Energie kommt ihr gleich. Sexuelle Energie ist hochgradig beweglich und immer aktiv. Diese Energie ist Quell Eurer Lebendigkeit, denn ihr verdankt Ihr Euer Leben. Sie ist reine Liebesenergie und daher unwiderstehlich in ihrer Anziehungskraft.

Sexuelle Energie ist die Kraft vom Werden, Wachsen und Gedeihen. Sie ist allzeit in rühriger Bewegung, weshalb sie sich oft als Kreativität äußert. Im kreativen Schaffen bringt sie sich zum Ausdruck und bahnt sich ihren wundervollen Weg. Ohne die Schubkraft sexueller Energie wäre Kreativität niemals möglich. Wer Sexualität verteufelt, der hat sie nicht verstanden, der hat sich selbst nicht verstanden.

Ihr werdet alle unschuldig geboren, dem werden die meisten unter Euch beipflichten. Wir aber sagen Euch, Ihr sterbt alle genauso unschuldig! *(Anm. der Verfasserin: Mit Nachdruck.)* Das kindliche Gemüt ist sich seiner natürlichen, gottgegebenen Unschuld noch bewusst. Dies beweist sich in der Tatsache, dass das noch junge Kind nicht über diese Dinge nachdenkt und es auch gar nicht kann. Es hat kein Konzept von Schuld. Sie existiert einfach nicht. Es lebt und stellt sich selbst und sein Leben nicht infrage. So lebt es noch in paradiesischem Zustande. Dies tut es, bis – ja, bis – die ersten Schuldzuweisungen kommen. Das ist das ›Ende der Unschuld‹, genauer gesagt, die Geburtsstunde der Illusion von Schuld.

Bei alledem dürfen wir nicht vergessen, dass der Mensch weiß, was er tut und auf sich nimmt, wenn er inkarniert. Jeder Mensch weiß das. Um der Erkenntnis der Liebe willen stellt sich die Seele dieser immensen Herausforderung und Belastung mit großer Freude. Die Ehre, die dem Abstieg in die Welt der Dualität und damit in die Illusion gebührt, ist wahrlich unermesslich. Gott schuf keine Schuldfähigkeit, weil es in ihm so etwas nicht gibt und niemals geben kann. Unschuld ist Lebensprinzip und somit auf ewig gesichert.

Sieh Dich an, schaue auf Dich selbst und Du wirst vieles erblicken, was Dir vormals verborgen war. Doch sieh hin mit den liebenden Augen Deines Schöpfers, die keinen Irrtum kennen, und Du wirst nichts als Unschuld erblicken. Es gibt nichts anderes!

»Der Unschuld schönster Lohn ist,
dass sie unbefangen, nichts Arges denkt
und braucht vor Argem nicht zu bangen.«
Friedrich Rückert

Persönlichkeit

Meine liebe Freundin, mein lieber Freund, was ist der Brennpunkt Deiner Macht? Wo liegt das Zentrum Deiner Kraft? Es liegt in Deiner einmaligen, einzigartigen Persönlichkeit, in Deiner wundersamen Individualität. Du bist wahrlich einmalig, denn so, wie keine einzige Schneeflocke auf dem Erdenrund der anderen gleicht, so gibt es auch keine zwei identischen Seelen. Nirgendwo zeigt sich das Wunder der Schöpfung in seiner grandiosen Herrlichkeit deutlicher als in diesem Umstand.

Bevor Du Dich nun von einem bitteren Gefühl der Einsamkeit irreführen lässt, lass uns Dir sagen, dass genau das Gegenteil der Fall ist. Diese unermessliche Vielfalt ist sicherer Garant für Einheit, Nähe und Bindung. Dank Deiner wunderbaren Einmaligkeit bist Du in der Lage, Dich selbst zu erkennen und wahrzunehmen, denn dies ist ausschließlich durch die Andersartigkeit des anderen möglich.

Individualität, das vielleicht erhabenste aller Schöpfungswunder, bewirkt Reibung am anderen und ermöglicht Selbstwahrnehmung. Das Anderssein des anderen erlaubt Dir, Dich selbst zu spüren. Du definierst Dich also über das Andersartige. So will es die Dualität. Gäbe es dieses Andere nicht, wie könntest Du das bewerkstelligen? Wäret Ihr alle gleich, dann könntet Ihr Euch nicht ›sehen‹, weder Euch selbst noch den anderen. Dies käme einem völligen Zusammenbruch der Wahrnehmung gleich.

Keine zwei Seelen sind gleich, keine zwei Menschen identisch. Selbst der gleiche Gedanke, von zwei Menschen gedacht, ist nicht derselbe. Jeder Gedanke und jegliche Gefühlsregung eines jeden Menschen sind so individuell wie die ureigene Persönlichkeit des Menschen selbst. Hier finden wir das Geheimnis der Heiligkeit jeder Kreatur. Gott schuf Dich nur einmal so, einmal und nie wieder. Jede Kreatur ist heilig, weil unbedingt unersetzlich. Kein Blatt fällt vom Baum wie ein anderes.

Die Erkenntnis der Einheit von allem Geschaffenen zieht sich wie ein roter Faden durch all unsere Botschaften. Dies steht jedoch in keinerlei Widerspruch mit dem hier Gesagten. Einheit liegt in der Vielfalt und Vielfalt in der Einheit. Von Eurer dualen Sichtposition aus betrachtet ist das kaum nachvollziehbar und doch ist dem so. Und ja, es wäre ein Widerspruch, wäre da nicht diese alles vereinende und verbindende Wunderkraft, die da Liebe heißt. Wie wir wissen, steht Liebe über der Dualität und übersteigt sie um ein Unendliches. Die Liebe ist das unfassbare, unbegreifliche Wunder, das dies vermag. Liebe ist das Bindeglied der Schöpfung, ohne dass nichts einen Sinn ergeben würde, ja, mehr noch, sie ist die Essenz der Schöpfung selbst. Würden wir also bei unseren Betrachtungen die Liebe außen vor lassen, dann käme das dem absurden Unterfangen gleich, die Sonne zu beschreiben, ohne von Licht zu sprechen.

Gedanken sind geprägt von der ureigenen Persönlichkeitsstruktur dessen, der sie denkt. Die eigene Individualität verleiht jedem einzelnen Gedanken seine spezifische Prägung, sowohl qualitativ als auch quantitativ. Deine Gedanken sind die Fingerabdrücke Deiner Persönlichkeit und so einmalig wie Du selbst. Mit Deinen Gefühlen verhält es sich ebenso. Man könnte sie auch als die Fußspuren Deiner Persönlichkeit bezeichnen. Sie alle haben die für Dich typische Färbung und jedes ist auf seine Weise einmalig. Dich gibt es also nur einmal, nur ein einziges Mal so und nie wieder. Dies bedeutet, dass Du immer vollkommen integer bist. Deine Integrität ist unantastbar, denn womit könntest Du Dich vergleichen? Es gibt keinen Vergleichswert. Woran kannst Du messen, wenn es kein anderes Maß gibt als Dich selbst? Sieh mit Ehrfurcht auf das, was Du bist, Dein Schöpfer tut es auch.

»Doch Liebe, so steht geschrieben,
ist nur möglich von
Individualität zu Individualität.«
Kurt Tucholsky

Hingabe

Mein lieber Freund, meine liebe Freundin, was ist die wohl augenfälligste Eigenschaft der Hingabe? Was kennzeichnet sie? Was macht sie aus und zu dem, was sie ist? Hingabe ist niemals partiell. Hingabe ist eine Facette der Liebe und ihre einzig mögliche und logische Konsequenz. Wie die Liebe selbst, so ist auch die Hingabe immer und ausnahmslos eine vollständige. Liebe ist nur dann Liebe, wenn sie es ganz und gar ist. Und so, wie es keine Liebe in ›kleinen Portionen‹ gibt, so gibt es auch nicht ›ein bisschen Hingabe‹.

Hingabe ist ein Lebensprinzip und in gewisser Weise das Herzstück aller. Wir wissen, dass Dein freier Wille ewig unantastbar ist. Dies impliziert, dass das Leben sich Dir immer nur soweit anbieten und schenken kann, wie Du bereit bist, es anzunehmen und Dich darauf einzulassen. Je mehr und vorbehaltloser Du Dich dem Leben hingibst, desto tiefer kann es sich Dir offenbaren. Die Liebe ist allzeit der Dreh- und Angelpunkt. Das Geheimnis der Hingabe an das Leben liegt im Annehmen. Du kannst Dich aber immer nur in dem Maße auf das Leben einlassen, in dem Du es liebst. Hingabe ist das erstgeborene Kind der Liebe. Was auch immer Du liebst, dem gibst Du Dich hin, ohne Zögern und Vorbehalt.

Das Leben braucht also Deine liebende Akzeptanz, die sich in Deiner Hingabe daran den lebensnotwendigen Raum verschafft. Sie ist die Atemluft des Lebens, das sich Dir nunmehr in all seiner Fülle offenbaren kann. Mit anderen Worten: Du bist immer nur in dem Maße lebendig, in dem Du das Leben liebst. Wenn Du es liebst, dann spürst Du das Leben in all seiner wilden, urgewaltigen, göttlichen Kraft. Das Geheimnis eines glücklichen Lebens liegt also in Deiner Hingabe an das Leben und diese Hingabe äußert sich im Annehmen des Lebens als solches. Hier zeigt sich ganz deutlich, dass Geben und Nehmen ein und dasselbe ist, zwei Seiten ein und derselben Medaille. In der Hingabe – ein anderes Wort für Liebe – verschmelzen Geben und Nehmen zu einer heiligen Einheit.

Wenn Du einen Menschen liebst, gibst Du Dich diesem Menschen und somit Deiner Liebe zu ihm hin. Liebe äußert sich in der allumfassenden Bejahung des anderen und somit im vollständigen, unbedingten Annehmen seiner Persönlichkeit mit all ihren einzigartigen Wesensaspekten. Sie ist also gleichermaßen ein Akt des Gebens wie auch des Nehmens. Hingabe ist immer eine Herzensangelegenheit. Auch wenn Du Dich einer Sache verschreibst, einer Idee, einem Ideal oder einer Vision, kannst Du es deutlich spüren.

Hingabe ist ein Lebensprinzip und somit nicht von Gott zu trennen. Gottes Hingabe an seine Schöpfung, an der Du Anteil hast, zeigt sich in unermesslicher Fülle und grenzenlosem Reichtum. Die sich öffnende Blütenschale im ersten Sonnenlicht, der stolze Hahnenschrei am frühen Morgen, der würzige Duft des Waldes nach einem Regenguss: Das ist Hingabe! Sich dem Leben verschreiben und hingeben bedeutet immer auch, sich Gott und der Liebe hinzugeben, denn wahrlich, sie sind ein und dasselbe.

Manifestation

Meine liebe Freundin, mein lieber Freund, kommen wir nun zur Manifestation und damit zu einem weiteren Lebensprinzip. Das Leben als solches äußert sich dadurch, dass es sich Ausdruck verschafft. Dies scheint auf den ersten Blick selbstverständlich und wenig erwähnenswert, doch dem ist nicht so. Bei näherem Hinsehen wird uns klar, dass es sich hier um etwas ganz Großes handeln muss.

Überall dort, wo Leben ist, verschafft es sich dynamischen Ausdruck, in welcher Form und Weise auch immer. So mannigfaltig wie das Leben selbst, so sind auch seine Ausdrucksformen. Alles Geschaffene und jedwede Kreatur gehorchen und folgen diesem Schöpfungsprinzip. Lebendigsein bedeutet immer auch, sich auszudrücken und diese Lebendigkeit dadurch zu manifestieren. Doch was genau ist Manifestation? Und warum treibt das Leben einen solch unvorstellbaren Aufwand? Wozu das alles?

Manifestation ist Ausdruck des eigenen jeweiligen Soseins. Ausdruck ist Sein, das sich bewegt. Er ist rührig und beweglich. Manifestation ist handelndes Sein. Sie ist Ursprung und Wurzel jeder möglichen Selbsterkenntnis. Diese gottgegebene Dynamik macht das Leben als solches erst wahrnehmbar. Sie macht das Leben greifbar und begreifbar. Alles und jedes ist in ständiger, ewiger Bewegung. So etwas wie Stillstand gibt es nicht und kann es niemals geben. Ungezügelt und ungestüm drängt das Leben in den beständigen Ausdruck seiner selbst. Diese Ausdehnung – denn darum handelt es sich hier letztlich – ist die Garantie für ewiges Sein. Nichts geht jemals verloren, es gibt kein Ende! Das ist das Wunder der Evolution und Gott selbst verbürgt sich für den unendlichen Bestand und die Fortdauer alles Seienden.

Das Leben strotzt vor Vitalität und kann sich selbst dadurch als solches wahrnehmen. Was auch immer Du zum Ausdruck bringen magst, wie auch immer Du Dich manifestieren willst, es steht Dir völlig frei. Dein Selbstausdruck ist wie ein göttlicher Stempel. Er ist der heilige Stempel Deiner wunderbaren Einmaligkeit. Diese Einzigartigkeit, von der bereits die Rede war, ist allem Geschaffenen und jeder Kreatur zu Eigen. Sie offenbart sich ebenso in der Art, wie der freche Spatz sein Gefieder putzt, wie in Deiner typischen Manier, gedankenverloren zu lächeln oder Dir durchs Haar zu streichen.

Selbstausdruck ist also rühriges, tätiges Sein. Diese Bewegung ermöglicht es Dir, Dich selbst zu erforschen, zu erfahren und schließlich zu erkennen. Bewegung ist immer auch Reibung, sie ist Reibung an Dir selbst. Nur so kommst Du Dir selbst schließlich auf die Spur. Je mehr Du Dich der Liebe zu Dir selbst verschreibst, desto weniger Argwohn wirst Du auch Deinem Selbstausdruck entgegenbringen. Je tiefer Deine Selbstliebe, desto vorbehaltloser und ungehemmter Dein Umgang mit Dir selbst und Deinem Dasein. Ungestört von Ängsten und Selbstzweifeln, kannst Du Dich uneingeschränkt dem Leben hingeben und Dich auf Dich selbst einlassen.

Es versteht sich von selbst, dass Du das Leben immer nur in dem Maße genießen kannst, in dem Du es liebst. Liebe zum Leben ist der einzig mögliche Weg zur Lebensfreude. Freude am Leben ist Freude an der Bewegung. Eine bessere und heilsamere Art sportlicher Betätigung können wir Euch gar nicht ans Herz legen! *(Anm. der Verfasserin: Scherzhaft gesagt.)*

»Alles in der Schöpfung ist
eine Manifestation des einen.«
Weisheit der Sufi

Sinnlichkeit

Mein lieber Freund, meine liebe Freundin, bevor wir uns nun der Sinnlichkeit zuwenden, sollten wir die Begrifflichkeiten klären. Gemäß Wörterbuchdefinition ist Sinnlichkeit die Hingabe an das Erleben durch die Sinne. Oft wird Sinnlichkeit auch als eine Form von Erotik gesehen, ist darauf aber nicht beschränkt. Durch die geöffneten Sinne kann man das Schöne und Anregende dieser Welt erfahren. Sinnlichkeit hat dabei aber einen freien Charakter, während Begierde ein Besitzenwollen impliziert.

Hier haben wir es mit einer interessanten Definition zu tun, die nähere Betrachtung verdient. Sinnlichkeit ist Hingabe und wie jede Form der Hingabe, so bedarf auch die Sinnlichkeit der Öffnung. Wie manifestiert sich diese Sinnesöffnung und wie ist sie zu bewirken? Das Leben kann nur offenen Sinnes in seinem vollen Potenzial ergriffen und erfahren werden. Die Wahrnehmung alles Schönen und Guten kann nur in dieser Weise vollzogen werden.

Sinnlichkeit ist ein Lebensprinzip und im Grunde und in Wahrheit geht es nur um ein weiteres Wort für – wie könnte es anders sein – Liebe! Allein Liebe ist in der Lage, Deine Sinne zu öffnen, all Deine Sinne, die physischen wie auch die nicht physischen. Nur das, was Du mit Liebe ansiehst, kann Dir seine innewohnende Schönheit erschließen. Wenn Du den Berg nicht liebst, dann kann Dich seine majestätische Größe nicht beeindrucken. Wenn Du die Rose am Wegesrand nicht liebst, dann kann ihr süßer Duft Dich nicht betören. Wenn Du die streunende Katze nicht liebst, dann kann Dich die schmeichelnde Eleganz ihrer Bewegungen nicht faszinieren. Wenn Du Deinen Mann nicht liebst, dann kann Dich der Duft seiner Haut nicht berauschen. Wenn Du Gott nicht liebst, dann kann Er Dir die Bedingungslosigkeit seiner grenzenlosen Liebe nicht offenbaren. All dies ist vorhanden, direkt vor Deinen Augen, vollkommen offensichtlich. Alles ist da, immer verfügbar und jederzeit erfahrbar. Wahrnehmung bedarf der Liebe.

Sinnlichkeit ist das Leben, das sich selbst begehrt. Sie ist der ewige, nie verhallende Ruf des himmlischen Vaters nach seinem Kinde. Die Sinnlichkeit öffnet Dir die Augen für die unendliche, allgegenwärtige Präsenz Gottes. Sie ist ein drängendes Verlangen. Sinnlichkeit ist das Verlangen zu lieben und somit weit jenseits von jeglichem Besitzanspruch. Je sinnlicher Du bist, desto mehr können die Welt und das Leben Dir schenken. Alles ist gegeben, Dir zu dienen, wir werden nimmer müde, es zu betonen. Deine Sinne ermöglichen es Dir, die Schönheit der Liebe und der Schöpfung zu erahnen, um sie schließlich zu begreifen und zu ergreifen.

In der Sinnlichkeit erschließt sich Dir letztlich die makellose Schönheit Deiner eigenen Seele. Sinnlichkeit, die das eigene Selbst ausschließt, ist keine. Entweder Du bist blind oder Du bist sehend, Du kannst nicht beides gleichzeitig sein. Du musst schön sein, um Schönheit erkennen und wahrnehmen zu können. Was innen nicht ist, das kann unmöglich im Außen wahrgenommen werden.

Ohne Sinnlichkeit wäre auch die Übermittlung dieser Botschaften nicht vorstellbar und nicht durchzuführen. Wir sprachen von der Offenheit aller Sinne, die auch die Öffnung der nicht physischen impliziert. Liebe öffnet alle Sinne gleichermaßen. Liebe öffnet jedes Tor, in dieser Welt wie auch in jeder anderen.

»Unsere Sinnlichkeit kann wahrhaft als
unsere Seele bezeichnet werden,
weil sie Einheit mit Gott hat.«
Juliana von Norwich

Verschmelzung

Meine liebe Freundin, mein lieber Freund, kommen wir nun zur Verschmelzung und damit zum letzten Punkt unserer Aufzählung der 7 Lebensprinzipien.

Bei näherer Betrachtung dürfte uns rasch klar sein, dass es sich im Grunde und in Wahrheit um ein Gedankenkonstrukt handelt, das der Wirklichkeit nur bedingt gerecht wird und gerecht werden kann. Aller Wirklichkeit liegt Einheit zugrunde. Wenn wir die Dinge – wie hier geschehen – in 7 Aspekte aufspalten, dann teilen wir das Unteilbare. Alle Bemühungen, das Unbeschreibbare zu beschreiben, sind also letztlich zum Scheitern verurteilt und können sich der Wahrheit immer nur annähern.

Es gibt keine 7 Lebensprinzipien! Es gibt nur eines! Alle 7 genannten sind Merkmale ein und desselben Prinzips. Liebe ist das einzige Lebensprinzip, das es gibt und geben kann. Unsere Betrachtungen beziehen sich also letztlich alle auf verschiedene Aspekte ein und desselben Prinzips: das Prinzip Gott.

Alles ist miteinander verbunden und verwoben. Es gibt nur einen Gott, Er aber umfasst die Gesamtheit der ganzen Schöpfung, an der Du Anteil hast. Gott ist Alles-was-Ist und da Er alles schuf, kann es nichts geben, dass Er nicht in sich einschließt. Alles ist von Gott durchdrungen, alles Geschaffene ist belebt von seinem Geiste und beseelt von seiner Liebe. Die Schöpfung ist einem grandiosen Symphonieorchester vergleichbar, dessen Musiker mit ihren Instrumenten die herrliche Melodie des Lebens hervorbringen. Jedes einzelne dieser Musikinstrumente hat seinen ureigenen Klang, ganz so, wie jedes Leben seine einzigartige und einmalige Färbung hat. Jeder einzelne Musiker trägt seinen ganz einzigartigen Beitrag zum Gelingen des Gesamtkunstwerks bei. Du bist der Musiker und Ihr alle seid begnadete Künstler! Dein Instrument ist das Leben selbst und Du spielst es virtuos. Aber welche Rolle spielt dann Gott in diesem Szenario?

Gott ist die Symphonie! Er ist die Musik selbst, Er ist die Seele des Ganzen, ihr Sinn und ihr Endzweck. Verschmelzung ist ein Lebensprinzip. Die wundersame Harmonie der Verschmelzung macht die Symphonie erst zu einer Symphonie. Die Vielzahl unterschiedlichster Klänge verschmilzt wie von Zauberhand zu einem harmonischen Ganzen. Wie ist das möglich? Die Verschmelzung bleibt letztendlich das grenzenlose heilige Mysterium Gottes, das Mysterium, das der Liebe selbst innewohnt.

Ihr wähnt Euch getrennt von allem und jedem, doch im Grunde und in Wahrheit seid Ihr es nicht – von nichts und niemandem. Liebe ist die Brücke zwischen Dir und Deiner Außenwelt. Sie ist die Brücke zwischen Dir und Deinen Mitmenschen. Sie ist die Brücke zwischen Dir und uns und sie ist die Brücke zwischen Dir und Deinem Schöpfer. Liebe ist die allgegenwärtige Brücke und sie ist Dir allzeit und überall frei zugänglich. Sie ersteht immer da und dort, wo jemand ist, der sie begehen will. Mehr braucht es nicht und mehr hat es nie gebraucht.

Ihr alle seid Brückenbauer und Gott selbst ist der Baumeister. Sowie Du mit Liebe auf Dich selbst und auf die Dinge siehst, erschließt sich diese Brücke Deinem Blick. Ist das nicht wunderbar? Liebe ist Verschmelzung und auch wir nutzen diese heilige Brücke der Liebe, wenn wir unsere Botschaften übermitteln. Wir treffen uns sozusagen mit unserem Medium in der Mitte der Brücke, auf ihrem Höhepunkt, denn sie ist von jeder Seite begehbar. Das vermag nur die Macht der Liebe, die allezeit gleichzeitig in alle Richtungen ausstrahlt und wirkt. Es ist eine Brücke aus reinem, purem Licht und sie ist tragfähiger als alles, was Menschenhand innerhalb der Materie ersinnen und erbauen kann.

»Diese absolute Einheit, die keinen Gegensatz hat, ist das absolut Größte – Gott.«

Nikolaus von Kues

6. Teil

Des Lebens Ruf

Beruf und Berufung

Mein lieber Freund, meine liebe Freundin, Ihr alle kennt den Unterschied zwischen Beruf und Berufung. Hast Du Dir jemals die Frage gestellt, was diesen Kontrast ausmacht und wie es sein kann, dass er Dir so vertraut ist?

Unter Berufung versteht das Wörterbuch das Verspüren einer inneren Stimme, die einen zu einer bestimmten Lebensaufgabe drängt. Unter Beruf versteht Ihr hingegen Eure Tätigkeit zum Broterwerb. Zum Beruf fühlt Ihr Euch also – im Allgemeinen mehr oder minder lustvoll – gedrängt vom Leben selbst, denn das physische Dasein will gepflegt und erhalten sein. Die damit verbundenen Anstrengungen und der um dieses Thema getriebene Aufwand sind Euch vertrauter, als Euch lieb sein kann, und bedürfen wohl kaum der weiteren Betrachtung – zumindest vorerst.

Der Berufene hingegen fühlt sich von einer inneren Stimme gedrängt, von einer seltsamen, mysteriösen Kraft getrieben. Ein unwiderstehlich tiefer Drang treibt ihn voran. Wozu auch immer Du Dich berufen fühlen magst, immer und ausnahmslos ist da dieser unwiderstehliche Ansporn. Der Ruf dieser inneren Stimme ist lautlos, völlig geräuschlos, dennoch ist er unüberhörbar. Er ist einfach da! Was hat es damit auf sich?

Bei näherer Betrachtung stellen wir fest, dass Berufung allzeit mit brennender Leidenschaft und tiefem Glücksgefühl einhergeht. Die Begeisterung für die Sache als solche ist unübersehbar und wird immer begleitet von einer tiefen, unerschütterlichen Gewissheit um die Richtigkeit der Sache. Berufung ist – wir ahnen es – kein ›Zufall‹, genauso wenig wie die Talente und Leidenschaften des Menschen. Talent und Leidenschaft gehen immer Hand in Hand, denn das, wofür Dein Herz sich erwärmen kann, ist immer und ausnahmslos eine Frage der Liebe. Kaum jemand wird sich zu einer Aufgabe berufen fühlen, die ihm im tiefsten Inneren widerstrebt, die Unwohlsein und Beklemmung hervorruft. Und hier wird das ganze Geheimnis der Berufung offensichtlich, ist sie doch einzig eine Frage der Liebe.

Diese innere Stimme, die Du so deutlich und doch so sacht vernimmst, ist die Stimme Deiner Seele. Der lautlose Ruf ist deshalb unüberhörbar, weil er den tiefsten Schichten Deines Seins entstammt. Es ist die ureigene Essenz Deines Soseins, die nach lebendigem und gelebtem Ausdruck verlangt. Wenn Du den Weg Deiner Berufung gehst, dann dankt es Dir Deine Seele mit einem Gefühl tiefer Zufriedenheit, das mit jeder Sättigung der Seele einhergeht. Diese Zufriedenheit speist die Gewissheit von der Richtigkeit Deines Tuns und stellt sie gleichermaßen unter Beweis.

Berufung ist der Ruf der Liebe selbst! Was, wenn nicht Liebe, könnte es da sein, das ewig unwiderstehlich wäre? Jetzt verstehen wir auch, warum Berufung einem inneren Zwang gleichkommt, es ist ein ›Müssen-ohne-zu-Müssen‹, was es umso machtvoller macht. Berufung ist ein ›Müssen-weil-man-Will‹. Liebe – und einzig Liebe – macht den Unterschied. Liebe ist ein seidener Faden und dennoch ist sie stärker und mächtiger als die gewaltigste Ankerkette.

Und so könnte die Kluft, die zwischen Beruf und Berufung klafft, größer kaum sein. Dieses Gefälle ist immer da und dort gegeben, wo es einen Zwiespalt gibt zwischen Wollen und Müssen. Ihr alle seid berufen, ein jeder von Euch ist es! Ihr seid dazu berufen, Euer Leben zu leben und Euch selbst zu lieben. Und so ist es letztlich, dass jeder Mensch seiner tiefsten und heiligsten Berufung Folge leistet, ob er sich dessen nun bewusst ist oder nicht, und allem Anschein zum Trotz. Nichts ist je sinnlos, nichts geht jemals verloren und nichts ist vergebens. Des Lebens Ruf, er ist ein ewiger.

»Man braucht nur mit Liebe
einer Sache nachzugehen,
so gesellt sich das Glück hinzu.«
Johannes Trojan

Vater und Mutter

Meine liebe Freundin, mein lieber Freund, jeder Mensch auf Erden – wirklich ausnahmslos jeder – hat einen Vater und eine Mutter. Vielleicht hast auch Du ein oder mehrere Kinder. Auf jeden Fall bist Du jemandes Kind. Grund genug, uns diesem gewichtigen Thema zuzuwenden.

Euer Leben beginnt mit Euren Eltern, mit Ihnen macht Ihr die ersten Erfahrungen mit der Liebe. Diese ersten Erfahrungen sind in jedem Fall prägend für Euren gesamten weiteren Lebensverlauf. Eure Eltern, sowohl Vater als auch Mutter, lenken Euer Verständnis der Liebe in maßgebender Weise. Diese in der Kindheit erworbene Anschauung von Liebe und Zuneigung sucht Ihr Euer Leben lang zu bestätigen.

Der weitere Lebensverlauf ist einem Widerhall vergleichbar, den wir auch als das Echo der Kindheit bezeichnen können. Diese Resonanz ist ein Leben lang deutlich vernehmbar und in jedem Fall unbedingt wegweisend. Die immense Bedeutung und Gewichtigkeit können gar nicht hoch genug eingeschätzt werden. Hier werden die Farben gemischt, die dem gesamten weiteren Leben seine ganz persönliche und spezifische Färbung verleihen.

Ihr experimentiert mit der Liebe, die Ihr zu erkunden, zu ergründen und zu vertiefen sucht. Dies ist letztlich Sinn und Zweck jeder Inkarnation. Eure Seele weiß, was Liebe ist! Die jeweilige Wahl Eurer Eltern ist niemals ›Zufall‹ und immer und ausnahmslos im Vorfeld der Inkarnation mit großer Sorgfalt und Weisheit von allen Beteiligten erwogen. Das familiäre Umfeld ist die Wiege des jeweiligen Lebens. In der Kindheit verschafft Ihr Euch das emotionale Rüstzeug für das weitere Leben. Die Seele – ausnahmslos jede Seele – weiß, was sie tut und worauf sie sich einlässt. Immer geht es um Wachstum und Reifung, denn die Erweiterung Eures Verständnisses von Liebe ist das Ziel jeder Seelenreise. Es geht um Erkenntnis.

Jede Inkarnation ist Teamarbeit vom Feinsten und gereicht allen Beteiligten zu größtmöglichem Segen. Die Wachstumschancen, die mit der jeweiligen Wahl der Eltern einhergehen, sind immer maximal. Nichts ist je vergebens, nichts ist je trostlos, nichts ist je hoffnungslos und nichts ist je sinnlos. Die göttliche Weisheit der Seele verbietet jede Verschwendung. Auf Seelenebene gibt es im Leben niemals Verlierer, allem Anschein zum Trotz.

Ihr experimentiert also mit der Liebe. Ihr erforscht, wohin Euch diese oder jene Sichtweise auf die Liebe führt und inwieweit sie mit Eurer göttlichen Wirklichkeit übereinstimmt. Ihr probiert Euch aus, unablässig auf der Suche nach der Antwort auf die eine einzige Frage: »Wer bin ich?« Das ist Leben! Das ist Menschsein! Ihr ›spielt‹ mit den jeweiligen Möglichkeiten, indem Ihr das in der Kindheit Erfahrene und Erworbene entweder akzeptiert oder verwerft. Ihr erwägt Alternativen und sucht Euch selbst. Ihr tretet Eure eigenen Pfade, doch bevor Ihr neue Wege beschreiten könnt, muss es vorgegebene geben. Woran, wenn nicht durch den Vergleich, könntet Ihr Euch sonst orientieren? Ihr braucht also den elterlichen Maßstab und mit diesem wundervollen Instrument arbeitet Ihr Euer Leben lang. So sind Eure Wege die eigenen und letztlich auch wieder nicht, denn Ihr geht die neuen Wege im Windschatten der alten, oftmals allem Anschein zum Trotz.

Das Leben als solches ist eine sehr komplexe Angelegenheit. Die Weisheit, die hinter einer bestimmten Familienkonstellation steht, ist schier unbeschreiblich. Ihr alle seid um Versöhnung bemüht, um Aussöhnung mit Euch selbst und mit dem Leben. Die Aussöhnung mit dem Leben und dem eigenen Sosein führt immerzu über die Aussöhnung mit Vater und Mutter, denn Du trägst sie immer auch ein Stück weit in Dir. Das vermag nur die grenzenlose Weisheit der Liebe!

»Alles mag erkauft werden, außer
Zeit, Vater und Mutter.«
Aus der Schweiz

Freundschaft

Mein lieber Freund, meine liebe Freundin, so nennen wir Euch und es ist uns sehr daran gelegen, dass Ihr diese Anrede nicht als leere Floskel begreift, denn wahrlich, das ist sie nicht! Wir sind Euch in inniger Zuneigung, wohliger Vertrautheit und treuer Ergebenheit zutiefst verbunden, jedem einzelnen unter Euch. Ein guter Gedanke genügt und wir sind da! Liebe verpflichtet und sie tut es mit unermesslicher Freude und endloser Hingabe.

Die meisten unter Euch knüpfen die ersten freundschaftlichen Bande ihres Lebens bereits in sehr jungen Jahren. Nach der Eltern-Kind-Beziehung macht Ihr also in der Regel Eure nächsten Erfahrungen mit der Liebe durch Eure freundschaftlichen Bindungen. Es ist kein ›Zufall‹, dass Ihr Euch zu manchen Menschen hingezogen fühlt und zu anderen nicht. So etwas wie ein willkürliches, launiges Schicksal gibt es nicht.

Doch was macht Freundschaft aus und wodurch definiert sie sich? Anziehung ist Resonanz. Resonanz ist ein Wiedererkennen. Immer da und dort, wo Ihr Euch im anderen wiedererkennt, erhallt dieses Echo Eurer selbst aus Eurem Herzen. Es ist der Widerhall Eures eigenen Soseins. Bei der Freundschaft haben wir es also mit einer Spiegelung zu tun und Spiegelung zeugt Liebe. Sie bringt Liebe zum Vorschein und damit ans Licht Eurer Wahrnehmung. Diese Liebe empfindet Ihr dann als sonderbare Anziehung, als spontane Sympathie und nicht selten als ein Gefühl wohliger Vertrautheit. Liebe ist das, was sich einstellt, wenn man sich im anderen wiederfindet. Dies haben wir in unseren früheren Botschaften immer wieder gesehen und von allen Seiten beleuchtet. Bei der Freundschaft haben wir es also mit einer ganz spezifischen Spielart der Liebe zu tun.

Die Suche und der drängende Wunsch nach beständigen Freundschaften ziehen sich durch Euer gesamtes Leben wie ein roter Faden. Ein guter Freund ist ein Mensch, der Dich mag, so wie Du bist. Dieses Dabei-belassen-Wollen ist das Geheimnis jeder guten Freundschaft und der Grund für ihre unwiderstehliche Anziehungskraft. Freundschaft ist immer motiviert und getragen von Wohlwollen und gegenseitiger Wertschätzung. Du fühlst Dich verstanden und dieses schönste aller Geschenke, das Menschen sich machen können, kommt einer emotionalen Umarmung gleich.

Wir sagten, dass das Geheimnis jeder guten Freundschaft in der vorbehaltlosen Akzeptanz des anderen liegt. Eure Freundschaften lehren Euch viel, denn nicht zuletzt dank Eurer freundschaftlichen Bindungen reift Ihr zur Erkenntnis bedingungsloser Liebe heran. Die wohltuende Leichtigkeit Eurer Freundschaften verdankt Ihr ihrer Bedingungslosigkeit und das macht sie in der Regel unbelasteter als Eure Partnerschaften, an die Ihr meist zahllose Forderungen stellt, gesprochene wie auch unausgesprochene.

In dieser Weise betrachtet, könnte man Eure freundschaftlichen Bande durchaus als eine Schulung betrachten, eine Unterweisung der besonderen Art, denn schließlich geht es um die Erkenntnis wahrer Liebe. Wenn man das Leben als solches als eine Art Schule begreifen will, dann sind Eure Freundschaften die Pausenzeiten. Und so lehren Euch Eure Freundschaften, dass Liebe immer nur in dem

Maße leicht ist, in dem sie wirklich und echt ist. Dies scheint auf den ersten Blick selbstverständlich und letztlich ist es das auch, denn was sich nicht wie Liebe anfühlt, das ist auch keine. Mit anderen Worten: Nur die Bedingungslosigkeit macht Liebe zu dem, was sie ist.

Immer dann, wenn Ihr eine tiefe Zuneigung zu einem Menschen verspürt, neigt Ihr Euch diesem Menschen zu, Ihr geht ihm also in einem sehr buchstäblichen Sinne entgegen. Wer jedoch dem anderen entgegengeht, der geht letztlich sich selbst entgegen, denn siehe, alles ist eins.

»Ist doch der Freund
ein zweites Selbst.«
Aristoteles

7. Teil

Körper, Geist und Seele

So wachse und gedeihe!

Meine liebe Freundin, mein lieber Freund, Ihr alle bewohnt einen physischen Körper. Ihr seid also kreatürliche Wesen und genau darin liegt die große Herausforderung irdischen Daseins begründet. Wenn wir sagen, Ihr ›bewohnt‹ einen Körper, dann ist dies völlig korrekt und doch auch nicht so ganz, denn Ihr seid in einer so engen und spezifischen Weise mit Eurer physischen Ausdrucksform verwoben, dass wir um Worte ringen. Wenn Ihr Euren Körper als reine Wohnstatt betrachtet, dann werdet Ihr ihm in keiner Weise gerecht. Eure Physis ist mehr als eine zeitweilige Behausung, sie ist in Materie gegossene Seele.

In spirituellen Kreisen ist die Geringschätzung Eurer Körperlichkeit zugunsten eines rein geistigen Seins ein weit verbreiteter Trugschluss. Ihr werdet Euch immerdar in einem – wie auch immer gearteten – Körper wahrnehmen und Euch mit ihm identifizieren. So etwas wie Formlosigkeit gibt es nicht, in keiner Welt und in keiner Dimension! Auch wenn der Körper noch so durchlichtet und feinstofflich ist, so ist er gleichwohl immer noch ein Körper.

Ein physisch-materieller Körper ist nicht weniger wertvoll als ein feinstofflicher. Immer und ausnahmslos erfüllt er seinen heiligen Zweck, für den er gegeben und geschaffen ist. Der Körper ermöglicht Euch Selbstausdruck und damit Selbstwahrnehmung auf der jeweiligen Erfahrungsebene, auf der Ihr Euch befindet, bewegt und agiert. An diese jeweilige Erfahrungsebene ist der Körper perfekt angepasst. Die Vollkommenheit der Schöpfung ist jenseits des Beschreibbaren! Eure Kreatürlichkeit ist keineswegs eine Schwachstelle im göttlichen Denksystem, sie ist vielmehr heiliges Mittel zum Zwecke der Erkenntnis. Insbesondere, wenn der Mensch mit dem Thema Krankheit konfrontiert ist, erachtet er die Physis wie eine Art eklatanten göttlichen Fehler – und nicht zuletzt auch dann, wenn seine sexuellen Empfindungen sich zu Wort melden und sich Gehör verschaffen.

Wir sagten, Euer Körper ist in Form gegossene Seele. Wer aufhorcht, ihm mit Achtung begegnet und ihm die Ehre erweist, die ihm gebührt, der kann viel von ihm lernen. Tatsächlich ist Euer physischer Körper Euer bester und erster Lehrmeister. Dein Körper steht in ständigem Austausch mit Dir, ohne Unterlass erzählt er Dir von Dir. Er ist – allem Anschein zum Trotz – Dein bester und treuester Freund und ein stets ergebener Diener. Im Dienst der Liebe selbst stehend, folgt er Deinen Anweisungen und Ihr alle würdet mitunter gut daran tun, auch den seinen zu folgen. *(Anm. der Verfasserin: Scherzhaft gesagt.)*

Du und Dein Körper, Ihr bildet eine Einheit, eine wundervolle Allianz, die nicht sinnvoll voneinander getrennt werden kann. Dein Körper dient Dir in Liebe, weil Du Liebe bist, denn Du und er, ihr seid eins. Flute ihn mit Liebe, Wertschätzung, Fürsorge und Dankbarkeit, Deine Zellen werden es Dir danken. Eine bessere Gesundheitsvorsorge kann es niemals geben und im Grunde und in Wahrheit gibt es keine andere.

Wie Phönix aus der Asche

Mein lieber Freund, meine liebe Freundin, wenn wir uns den Themen Körper, Geist und Seele widmen, dann wenden wir uns im Grunde doch nur einem einzigen Thema zu, denn diese göttliche Einheit ist letztlich nicht zu trennen, will man sie nicht jeglicher Sinnhaftigkeit berauben. Wir thematisieren also Dein gesamtes ewiges Dasein. Und dies impliziert die Themen Sterben, Tod und Auferstehung auf vollkommen natürliche Weise. Alles andere wäre nur Bruchstück, ein Abriss der Wirklichkeit und somit eine grobe Verzerrung.

In gleicher Weise, wie Körper, Geist und Seele nicht sinnvoll voneinander getrennt betrachtet werden können, verhält es sich auch mit dem Sterben, dem Tod und der Auferstehung. Sie bilden eine wunderbare heilige Einheit und bezeichnen im Grunde und in Wahrheit ein und dasselbe. Der sogenannte Sterbevorgang als solcher ist nichts anderes als das Wechseln eines Gewandes. Ihr kleidet Euch um, wie Ihr es im Verlauf eines Erdenlebens bei zahllosen Gelegenheiten tut. Dies geschieht immer dann und in dem Augenblick, in dem die alte Kleidung Euch und damit Eurer Seele und ihren Plänen und Vorhaben nicht mehr dienlich ist. In etwa so, wie wenn Ihr Euch im Hochsommer Eures warmen Wintermantels entledigt. *(Anm. der Verfasserin: Scherzhaft gesagt.)*

Ihr verlasst Euren physischen Körper also auf völlig natürliche Weise, denn das Sterben ist so natürlich wie das Geborenwerden. Ihr wechselt die Form, der Inhalt bleibt ewig derselbe. Der Körper, den Ihr nunmehr bewohnt, ist einfach feinstofflicher, was ihn in vielerlei Hinsicht und im wahrsten Sinne des Wortes leichter macht. Wenn wir Euch sagen, dass der Inhalt derselbe bleibt, so sagen wir Euch damit, dass nichts jemals verloren geht. Einen ›Tod‹ im irdischen Sinne, im Sinne von Verlust, Verderben und Auslöschung, gibt es nicht und kann es niemals geben. Wir sagten, Gott ist Liebe und was liebt, das tötet nicht. Ihr seid also auch nach Eurem Übergang immer noch ganz Ihr selbst. Dies alles geschieht mit leichter Selbstverständlichkeit und selbstverständlicher Leichtigkeit.

Sterben, Tod und Auferstehung sind also letztlich ein und dasselbe. Dem ist so. Die Auferstehung, die einfach nur das Weiterleben in einem lichteren Körper bezeichnet, geschieht im Augenblick des Exitus. Alles Leben währt ewig fort und so etwas wie Unterbrechungen oder Intervalle gibt es nicht. ›Zwischen den Leben‹ gibt es keine schmerzlichen Lücken oder Beeinträchtigungen und so gibt es auch kein ›Zwischen-den-Leben‹. Leben ist immerdar. Punktum.

Leben ist Liebe und wie die Liebe selbst, so ist auch das Leben als solches unzerstörbar, unangreifbar und ewig. Gott schenkt Leben sicherlich nicht auf Zeit, die es so nicht gibt und nicht geben kann. Die Gaben Gottes sind für die Ewigkeit, denn Er nimmt ein Geschenk niemals zurück. Freue Dich des Lebens, freue Dich Deines ewigen Lebens, denn dazu ist es gegeben.

Da capo

Meine liebe Freundin, mein lieber Freund, Ihr inkarniert um der Liebe willen. Immer und immer wieder. Einzig um der Liebe willen. Es gibt nichts anderes. Liebe ist die einzig wirkliche, die einzig existente Energie. Sie ist der Urstoff alles jemals Geschaffenen. Liebe ist das erste und einzige Wort Gottes, ein anderes gab es nie und wird es niemals geben und so ist es auch sein letztes.

Es kann für Euch also keinen anderen Grund geben zu inkarnieren, denn es gibt nur diesen einen. Wer nun sagt, dass wir uns die Dinge doch sehr einfach machen, der hat letztlich recht – und auch wieder nicht. Wir reduzieren die Dinge auf das Wesentliche. Wem das zu einfach ist, der ist sich der unermesslichen Komplexität der Liebe nicht einmal ansatzweise bewusst. Liebe umfasst alles, was wirklich ist, sie ist die Kraft in und hinter allem, was existiert.

Wenn wir also – wie gesagt – die Dinge auf das Wesentliche ›reduzieren‹, dann erweitern wir sie auf das absolute Maximum. Liebe ist ein Superlativ, sie ist der einzig wirkliche Superlativ. Sie ist die Höchststufe von allem, was je gedacht oder gefühlt werden kann. Liebe ist das Synonym für Vollkommenheit.

Sie umfasst die gesamte Schöpfung. Ihr inkarniert also um der Liebe willen, ihr inkarniert sozusagen direkt hinein in die Höhle des Löwen, denn Ihr werdet in die Dualität hineingeboren. Dies bedeutet für Euch, dass Ihr Euch bewusst und aus freiem Willen für das Vergessen entscheidet. Ihr inkarniert aus dem Lichte der Einheit und der Erkenntnis in die Dunkelheit von Trennung und Vergessen. Mehr Liebe kann es nicht geben, denn Ihr tut es um Ihrer Erkenntnis willen.

Liebe ist nur dann Liebe, wenn sie Selbstzweck ist. Mit anderen Worten: Liebe ist nur dann Liebe, wenn Ihr um ihrer selbst willen liebt. Kein Nutzen, kein Vorteil, kein Gewinn kann jemals größer sein. Diese Erkenntnis ist nur aus der Dunkelheit heraus machbar. In gewisser Weise könnte man sagen, Ihr erfindet und erschafft die Liebe neu. Natürlich ist dem in Wirklichkeit nicht so, denn Ihr erkennt und erschaut lediglich, was ist und was immer schon da war, denn Liebe ist allgegenwärtig, wie im Himmel, so auf Erden. Ihr erkennt und erschaut die Liebe dort, wo sie ist und immer schon war: in Euch selbst, in Eurem Geiste, in Eurem Herzen und in Eurer Seele.

Menschwerdung ist ein heiliger Akt, eine grandiose Liebeserklärung an die Liebe selbst und somit an Gott. Wir dürfen nicht vergessen, dass der Atem Gottes jedem Menschen innewohnt. Der Schöpfer erkennt sich selbst in seinem Geschöpf und durch sein Geschöpf. Mit jedem noch so winzigen Liebesfunken, dessen Du Dir bewusst wirst, näherst Du Dich der göttlichen Wirklichkeit an und damit auch der Deinen.

Jede Inkarnation ist eine Heimreise, eine Rückkehr ins Licht der Einheit. Und so ist jedes einzelne Leben ein göttliches Meisterstück und gleichwohl ein menschliches. Jede Menschwerdung ist ein Opus, wie es grandioser, großartiger und heiliger nicht sein kann.

8. Teil

Liebe ist …

Eine Frage der Entscheidung

Mein lieber Freund, meine liebe Freundin, Liebe ist eine Frage der Entscheidung und doch ist sie gleichermaßen nichts weniger als das. Dies bedarf der näheren Ausführung. Liebe wird dann zu einer Frage der Entscheidung, wenn Du Dir ihrer unermesslichen Tragweite für Dich und Dein Leben bewusst wirst.

Nun, in Wirklichkeit kannst Du das gar nicht, denn die Bedeutung der Liebe ist jenseits dessen, was begriffen werden kann. Im Grunde und in Wahrheit kannst Du sie nur erahnen. Es ist in etwa so, wie wenn Du bei einem Waldspaziergang die Fußspur eines Rehs findest. Du erahnst das Reh. Dieser wahrhaft heilige Augenblick tritt früher oder später in jedes Menschen Leben ein. Es ist ein Augenblick der Gnade. Die Seele verschafft sich immer Gehör, denn dazu ist das Leben gegeben. Liebe ist nicht etwa eine von vielen möglichen Optionen, wenn es um die Sinnhaftigkeit allen Lebens geht, sie ist die einzige. Liebe ist der Sinn des Lebens. Punktum.

Von dieser Regel gibt es keine Ausnahme. Es kann keine geben, denn Liebe ist der Urstoff alles Geschaffenen. Der wundervolle *Kurs in Wundern* sagt: »Der Kurs zielt nicht darauf ab, die Bedeutung der Liebe zu lehren, denn das ist jenseits dessen, was gelehrt werden kann. Er zielt vielmehr darauf ab, die Blockaden zu entfernen, die dich daran hindern, Dir der Gegenwart der Liebe, die Dein angestammtes Erbe ist, bewusst zu sein. Das Gegenteil von Liebe ist Angst, doch was allumfassend ist, kann kein Gegenteil haben.«

Dieser heilige Augenblick der Erkenntnis – und um nichts Geringeres geht es hier – tritt also früher oder später in jedem Menschenleben ein. Das Glücksgefühl, das immer und ausnahmslos mit dieser Erkenntnis einhergeht, ist unbeschreiblich. Die Liebe als solche ist keine Frage der Erkenntnis, Liebe kann nicht erkannt werden, Liebe wird erschaut! Die Erkenntnis, von der hier die Rede ist, bezieht sich auf Deine ewig gültige Willensfreiheit. So steht es Dir völlig frei, wann Du der Spur des Rehs folgen willst, denn irgendwann wirst Du es wollen. Du wirst Dich von Deinen Blockaden befreien wollen, Du wirst Dich von der Illusion der Angst erlösen.

An diesem Punkt und auch nur aus diesem Blickwinkel betrachtet, ist Liebe eine Frage der Entscheidung. Letztlich obliegt es Deiner Entscheidung, auf wessen Spuren Du wandeln willst, auf der Spur Gottes oder auf den illusionären Spuren der Angst. Bist Du erst einmal mit der Liebe in Berührung gekommen, und sei es auch noch so zaghaft und sacht, dann wird jede Entscheidung hinfällig, sie erübrigt sich, denn die Anziehungskraft der göttlichen Wirklichkeit ist ewig unwiderstehlich.

Das ist Menschwerdung! Ihr alle folgt den Spuren des Rehs, denn das ist Sinn und Zweck jeglicher Inkarnation. Hierin liegt die unantastbare Heiligkeit jedes Menschenlebens begründet. Je bewusster Du Dich auf die Suche machst, desto deutlicher und klarer kann sich Dir die Allgegenwart der Liebe offenbaren. Liebe ist also keine Frage der Entscheidung, nichts weniger als das. Liebe ist göttliche Wirklichkeit und somit auch die Deine. Die Wirklichkeit kannst Du nicht aushebeln, aber Du kannst Dich dafür entscheiden, sie für eine gewisse Zeitspanne zu übersehen. Liebe ist keine Frage der Entscheidung! Jeder Mensch, der einmal geliebt hat, weiß das!

»Wohin wir naturhaft hinneigen,
das unterliegt nicht der freien Entscheidung.«
Thomas von Aquin

Eine Frage der Ehre

Meine liebe Freundin, mein lieber Freund, Liebe ist eine Frage der Ehre. Jeder Mensch, der wahrhaft liebt, weiß, dass es eine Ehre ist, lieben zu können und zu dürfen. Kein Liebender wird dies je bestreiten wollen. Da und dort, wo der Mensch wahrhaft liebt, da fühlt und weiß er sich beflügelt und getragen von einer Macht, die größer ist als er selbst, einer Macht jenseits dessen, was in Worte gefasst werden kann.

Liebe ist Gott und Gott ist Liebe: Wie, wenn nicht über die Liebe, wollte man die Ehre also definieren? Nur ein liebender Mensch ist ein ehrenwerter Mensch. Das Wörterbuch umschreibt die Ehre mit Achtungswürdigkeit. Was könnte der Achtung, der unbedingten Hochachtung, jemals würdiger sein?

Wenn ein Mensch liebt, dann verschreibt er sich dieser Liebe ganz und gar. Der Liebende verschmilzt mit der Liebe selbst und ist zutiefst mit ihr zu einer heiligen Einheit verwoben. Liebe ist ein Seinszustand, sie ist nichts, das Du haben kannst. Du hast also nicht etwa Liebe für diesen oder jenen, Du bist diese Liebe. Und da, wo Du Liebe bist, da bist Du eins mit dem Schöpfer, von Licht durchflutet und wahrhaft erlöst.

Wer die Liebe gering schätzt oder lediglich milde belächelt, der hat nichts von ihr verstanden und wurde nie von ihr berührt. Wen sie streift, den verändert sie für alle Ewigkeit. Wen sie berühren darf, den kann sie erlösen.

Wir wissen, dass Liebe sich niemals aufdrängt, dazu ist sie viel zu drängend. Auch das ist eine Frage der Ehre. In Band IV unserer Botschaften sprachen wir von der Beschaffenheit, den Gaben und den Tugenden der Liebe. In diesem Zusammenhang war auch von Integrität die Rede. Liebe ist immer integer. Sie ist sich selbst ewig treu. Sie kennt nichts Falsches. Liebe ist immer echt, authentisch und unbedingt loyal.

Wem erweist Du die Ehre in Deinem Leben? Überlege lange, überlege gründlich und überlege gut! An dessen Ehre Du glaubst, dem wirst Du Dich verschreiben. Gebiete Dir selbst die Ehre, gebiete sie der Liebe in Dir, Deiner Liebe. Wenn Du die Liebe ehrst, ehrst Du Dich selbst, die Uressenz Deines Seins. Sie verdient alle Hochachtung und alle Aufmerksamkeit. Einem wahrhaft liebenden Menschen ist es vollkommen unmöglich, sich selbst geringzuschätzen. Liebe weiß um ihren eigenen Wert und sie ist der einzig wahre Selbstwert, den es gibt und geben kann.

Wie wir wissen, ist es eine vom Schöpfer selbst erwiesene Gnade, lieben zu können und zu dürfen. Könnte Gott Dir jemals größere Ehre erweisen, als Dich mit seiner ureigenen Essenz zu beleben? Liebe ist Schöpfungsprinzip und somit ist das Potenzial zur Liebe der gesamten Schöpfung inhärent. Alles Geschaffene erweist Gott die Ehre in tiefer Dankbarkeit und unermesslicher Freude. Und so blüht selbst das unscheinbarste Blümlein am Wegesrand zur Ehre Gottes. Da und dort, wo der Mensch liebt, wird es ihm offenbar. Und wenn Du das Blümlein liebst, kann es Dir von ihm erzählen.

Eine Frage der Größe

Mein lieber Freund, meine liebe Freundin, an anderer Stelle sagten wir, Liebe sei in dem Maße leicht, in dem sie groß ist. Dem ist so. Dennoch müssen wir diese Aussage hier relativieren. Letztlich können es keine Abstufungen in der Liebe geben, denn Liebe ist niemals partiell. Wir dürfen nie vergessen, dass die absolute Bedingungslosigkeit das erste Kennzeichen der Liebe ist. Entweder es handelt sich um Liebe oder eben nicht.

Liebe ist also niemals partiell, niemals ist sie nur Bruchstück ihrer selbst. Was Liebe ist, das ist sie immer ganz und gar. Der *Kurs in Wundern* beschreibt diese ewige Wahrheit mit den Worten: »Alle Äußerungen der Liebe sind maximal.« In diesem Sinne kann es also niemals ein Mehr oder Weniger an Liebe geben. Liebe ist immer vollständig, da sie sich immer ganz und gar hinweggibt.

Liebe ist in dem Maße leicht, in dem sie groß ist. Nun, Ihr Lieben, Liebe ist immer groß! Sie ist es immer und ausnahmslos, weil sie es immer vollständig ist. So etwas wie eine ›kleine‹ Liebe gibt es nicht und kann es niemals geben. »Liebe ist in dem Maße leicht, in dem sie groß ist.« Was diese Aussage zu umschreiben sucht, ist eine Frage Deines Bewusstseins. Sie ist in dem Maße leicht, in dem Du Dir ihrer unermesslichen Größe bewusst bist.

Liebe hat unzählige Gesichter. Sie ist sich selbst immer gleichbleibend, gleichwohl ist sie immer anders. Ihr ›Wiedererkennungswert‹ ist unfehlbar und ewig über jeden Zweifel erhaben. Wenn Ihr liebt, dann wisst Ihr es. Menschen neigen dazu, von einem Mehr oder Weniger an Liebe zu sprechen. Dies ist ein Trugschluss. Du liebst Deinen Mann nicht mehr als Deinen Blumengarten. Du liebst Deine Frau nicht mehr als Deine Waldspaziergänge und Du liebst Dein Kind nicht mehr als Dein Lieblingskleid: Du liebst sie anders!

Dennoch ist Liebe in all ihren Facetten, Aspekten und Ausdrucksformen immer Liebe. Und immer ist sie es ganz und gar. So etwas wie ›ein bisschen Liebe‹ gibt es nicht. Und so entzieht sich die Liebe ewiglich jeglicher Messbarkeit und jedem Maßstab. Das einzig gültige Kriterium, das es für Liebe geben kann, ergibt sich aus ihrem puren Sein. Entweder es ist Liebe oder es ist nichts. Es gibt kein Dazwischen. Es gibt keinen halbherzigen Mittelweg und keinen Kompromiss. Das macht es letztlich so einfach, die Liebe zweifelsfrei zu identifizieren. Macht das, was Du fühlst, Dich glücklich? Erfüllt es Dich mit tiefem innerem Frieden?

Die unerschöpfliche Quelle, der alle Liebe entspringt, versiegt nie. Liebe ist eine Frage der Größe, sie entspricht der Größe Gottes, denn beide, die Liebe und Gott, sind wahrlich ein und dasselbe. Liebe ist Gott und Gott ist Liebe. Um es ein weiteres Mal mit den wunderbaren Worten des Anselm von Canterbury zu sagen: »Gott ist das, wovon etwas Größeres nicht gedacht werden kann.« Wer sich an das absurde und vermessene Unterfangen wagen wollte, Gott eine Größe beimessen zu wollen, der muss kläglich scheitern, würde dies doch bedeuten, ihn zu begrenzen. Das bleibt ewig unmöglich. Der *Kurs in Wundern* sagt dasselbe, wenn er sagt: »Die Bedeutung der Liebe ist jenseits dessen, was gelehrt werden kann.« Und so ist es auch ihre Größe.

9. Teil

Noch mehr Liebe

Stille

Mein lieber Freund, meine liebe Freundin, Ihr lebt in einer lauten Welt. Ihr lebt in einer hektischen, geschäftigen Welt und sie macht wahrlich viel Lärm um nichts. Allerorten herrscht großes Getöse, um Euch herum wie auch in Eurem Inneren. Ihr sehnt Euch nach Stille, nach Ruhe und Erholung von all dem Machen und Tun, das viele unter Euch mehr und mehr infrage stellen.

Doch was genau ist Stille? Was macht sie aus? Viele unter Euch kennen sie nicht und so wissen sie nicht so recht, wonach sie sich denn da sehnen. Stille ist ein Gemütszustand. Tatsächlich ist sie eine Stufe der Erkenntnis. Die Stille des Herzens ist das, was sich im Augenblick der Erkenntnis einstellt, dass alles gut ist, so, wie es ist. Man könnte sie auch als einen Zustand der Eintracht bezeichnen. Stille ist unabhängig von physischer Aktivität und äußeren Gegebenheiten, denn sie steigt aus den Tiefen des Herzens empor. Stille ist eine Einverständniserklärung mit dem Leben und doch auch ihre logische Folge.

Stille heiligt den Augenblick, denn sie ist das Annehmen dessen, was ist. Immer dann, wenn Du erkennst, dass es nichts für Dich zu tun gibt, kann sich Dir die Stille offenbaren. Stille legt sich wie Balsam auf Dein müdes Herz, sie streichelt die Seele und wirkt wie ein erholsamer Schlummer. Wie kannst Du zu dieser Stille des Herzens finden? Wenn wir von Stille und Eintracht reden, dann sprechen wir letztlich vom Frieden. Frieden aber ist in Gott beheimatet und kann nur in Gott gefunden werden. Tiefer Seelenfrieden entspringt dem unerschütterlichen Vertrauen in die Liebe des Schöpfers, das den festen Glauben an die Sinnhaftigkeit in allem Geschehen impliziert. Gottvertrauen bedeutet immer auch ein Loslassen.

Wollten wir es Euch in bildlicher Weise verdeutlichen, so beschrieben wir es trefflich mit dem Einholen der Segel. Sowie Du die Segel Deines Lebens einholst, wirst Du Dir der wundersam herrschenden Windstille gewahr. Ihr alle sehnt Euch nach ruhigen Fahrwassern. In Eurer Außenwelt suchen viele unter Euch instinktiv am rechten Ort. Ihr trachtet nach der Nähe zur Natur. Ihr tankt auf, wie Ihr zu sagen pflegt. Ihr begebt Euch in die Stille des Waldes und saugt diese besondere Stimmung und Atmosphäre tief in Euch ein. Seht den Baum und lernt von ihm: Er steht völlig still, er ›tut‹ nichts und dennoch erfüllt er sein Dasein in vollkommener Weise. Hier kommen die aufgepeitschten Wogen Eurer Emotionen und Euer schwindelerregendes Gedankenkarussell zur Ruhe.

Diese von Euch ersehnte Stille des Herzens ist Euch jederzeit und allerorten zugänglich. Sie ist, wie gesagt, nicht abhängig von äußeren Gegebenheiten, denn der Friede Gottes ist allzeit überall. Er ist eine Frage Deines Gewahrseins und letztlich ist er eine Frage der Entscheidung. Du kannst immer nur das haben, was Du haben willst. Stille weckt die Erinnerung. Sie gemahnt an Deinen natürlichen Seinszustand im Lichte Gottes, in dem ewiger Frieden herrscht. Und so ist nichts so laut wie die Stille. Sie erinnert Dich laut daran, wer und was Du bist.

Klarheit

Meine liebe Freundin, mein lieber Freund, oftmals fühlt sich der Mensch hin- und hergerissen. Dies ist dem Wesen der Dualität geschuldet, denn wie Ihr aus leidiger Erfahrung wisst, hat alles im Leben seine zwei Seiten. In Band VI unserer Botschaften haben wir uns diesem Thema ausführlich gewidmet. Ihr seid wankelmütig und schwankt ständig zwischen all dem Für und Wider, all dem Auf und Ab und all dem Hin und Her des Lebens. Euer Erdendasein als solches mutet Euch nicht selten an wie ein verwinkeltes Labyrinth. Und als sei dies nicht schon genug der Mühsal, glaubt Ihr, es mit verbundenen Augen durchlaufen zu müssen. Ihr alle seid auf der Suche nach dem erlösenden Ausgang.

Dabei seid Ihr immer und unablässig auf der Suche nach dem für Euch richtigen und gangbaren Weg. So tastet Ihr Euch mehr oder weniger verunsichert und eingeschüchtert voran. Das Leben kennt keinen Stillstand und definiert sich durch ständige Bewegung und immerwährenden Wandel. Und es wartet nicht.

Doch das Leben ist kein Irrgarten, allem Anschein zum Trotz. Umso klarer Du Dich selbst wahrnimmst, desto klarer liegt auch Dein Lebensweg vor Dir. Klarheit ist die mächtigste Orientierungshilfe, die Dir für Dein Dasein zu Gebote steht und stehen kann. Ihr alle habt die Macht der Klarheit bereits am eigenen Leibe erfahren und erlebt, wie es sich anfühlt, wenn es einem in einer gewissen Angelegenheit wie

Schuppen von den Augen fällt. Plötzlich seid Ihr Euch ganz und gar im Klaren und im selben Augenblick wisst Ihr, was zu tun ist. Unbeirrt und festen, sicheren Schrittes könnt Ihr nunmehr voranschreiten und weitergehen. Immer dann, wenn Ihr zu dieser Klarheit im Denken gefunden habt, seid Ihr nur einen winzigen letzten Schritt von der rettenden Lösung entfernt.

Wenn wir Klarheit definieren wollten, dann würden wir sie mit der ›Überzeugung von der Richtigkeit einer Sache‹ beschreiben. Der Klarheit der Gedanken folgt die Klärung der Gefühle sicher und unfehlbar auf dem Fuße, denn beide bilden eine Einheit, die nicht zu trennen ist. Klarheit ist eine Frage Deines Identitätsgefühls. Wie definierst Du Dich? Wie blickst Du auf Dich selbst? Wer und was bist Du? In gleichem Maße, in dem Du Dir über diese Fragen im Klaren bist, klärt sich auch Dein Leben. Wüsste der Vogel nicht, dass er Flügel hat, wie könnte er fliegen? Solange es Dir an Klarheit fehlt, bist Du einem Vogel vergleichbar, der von seinen Flügeln nichts weiß. Was nicht erkannt ist, kann auch nicht genutzt werden und Wege, die Du nicht siehst, kannst Du nicht betreten.

Klarheit ist also der Wegweiser durch Dein Leben. Klarheit eröffnet Deinem Blick neue Wege, die nunmehr hell erleuchtet vor Dir liegen. Doch wie kannst Du zu dieser Klarheit finden?

Liebe ist allzeit der Weg, der zur Klarheit führt, so wie die Klarheit immer und ausnahmslos zur Liebe führt. Wer mit Liebe auf sich selbst schaut, klärt seinen Blick für seine wirkliche Identität. Wenn Dir Dein Leben wieder einmal wie ein verwinkeltes Labyrinth anmuten mag, dann besinne Dich auf Dich selbst und erinnere Dich an Deine göttliche Herkunft. Niemand kann wissen, welcher Weg zu gehen ist, wenn er nicht weiß, wer und was er ist.

Klarheit ist die Vorhut der Zielstrebigkeit. Sie geht ihr immer voraus und erfüllt nicht zuletzt eine wichtige Schutzfunktion, denn Klarheit bewahrt Dich vor Irrtum und erspart Dir somit so manch schmerzliche Sackgasse des Lebens. Nur ein klarer Geist ist ein zielstrebiger Geist. Wenn Du klaren Geistes bist, dann ist Dein Leben einem reinen, ungetrübten Gewässer vergleichbar, dessen Bodengrund Du sehen kannst.

»Nur wo nicht Klarheit ist und reine Liebe,
da irrt der Mensch im Nebel der Gefühle.«
Leopold Schefer

Wachsamkeit

Mein lieber Freund, meine liebe Freundin, Wachsamkeit enthält das Wörtchen ›wach‹ und hier haben wir ein weiteres wunderbares Beispiel für die Weisheit der Sprache, die unser Medium so fasziniert, übrigens völlig zu Recht. Wachsamkeit hat ganz viel mit Erwachen zu tun. Wenn wir über Wachsamkeit sprechen, dann reden wir ganz gewiss nicht von Misstrauen, Argwohn und Vorsicht dem Leben gegenüber. Einige unter Euch assoziieren die Wachsamkeit in dieser Weise und stehen Ihrem Leben denn auch mit einer gewissen vorsichtig zurückhaltender Skepsis gegenüber.

Wer dem Leben nicht vertraut, der vertraut sich selbst nicht. Vielfach zweifelt Ihr an Euch selbst und lenkt die gebotene Wachsamkeit in die falsche Richtung: Ihr richtet sie gegen Euch selbst, anstatt sie Euch dienstbar und zunutze zu machen. Oftmals vertraut Ihr Euren Ängsten mehr als der Liebe in Euch. Ihr glaubt Eure Gedanken von Mangel, Not und Schuld und überhört die innere Stimme, die Euch allzeit nur von Liebe, Fülle und Glück erzählt.

Wir sagten, dass Wachsamkeit viel mit Erwachen zu tun hat. In spirituellen Kreisen erfreut sich das Konzept des Erwachens großer Aktualität und Beliebtheit. Doch was kommt nach dem Erwachen? Was erwartet Dich? Und Erwachen wovon? Solange der Mensch inkarniert, ist der Alptraum von Sünde, Schuld und Trennung nicht ausgeträumt. Ihr fühlt Euch von der Liebe Eures Schöpfers getrennt: So nehmt Ihr die Dinge wahr und so erfahrt Ihr sie. Das Leben, so wie es sich Euch darstellt, ist ein Traum, denn so etwas wie Trennung gibt es nicht und kann es niemals geben. An dieser Stelle erinnern wir gerne daran, dass es dem Träumer jederzeit freigestellt ist, zu erwachen. Der Alptraum der Trennung ist in dem Augenblick ausgeträumt, in dem Du zu erwachen entscheidest.

Dies tust Du immer dann, wenn Du Dir der Liebe in Dir und somit Ihrer ewigen Allgegenwart bewusst wirst. Das Bewusstsein der Liebe ist der höchste Wachzustand, den es geben kann und im Grunde und in Wahrheit der einzig mögliche. Liebe ist göttliche Wirklichkeit und Wirklichkeit ist immer und überall, so auch in irdischen Gefilden. Mit anderen Worten: Was nicht immer und überall wahr ist, das ist es nirgendwo und niemals gewesen.

Kommen wir zurück zur Wachsamkeit, denn wahrlich, sie ist geboten! Du solltest immer dann aufhorchen, zweifeln und berichtigen, wenn Du es Dir selbst an Liebe mangeln lässt. Deine Wachsamkeit gelte einzig Deinen Gedanken von Trennung, Einsamkeit und Entbehrung. In dieser Weise stellst Du die Wachsamkeit wahrlich in Deinen Dienst und somit in die Dienste Gottes. Wo die Wachsamkeit in dieser Weise Anwendung findet, da wird sie zu einem gültigen, aufbauenden und schöpferischen Konzept.

Nun werden Misstrauen und Argwohn dem Leben gegenüber hinfällig – sie sind immer aus der Angst geboren und daher destruktiv. Immer dann, wenn Du Angst hast, wenn Du Dich vom Leben verraten und im Stich gelassen fühlst, dann wisse, dass Du Dich über Dich selbst und damit über Deinen Schöpfer irren musst. So wird die Wachsamkeit zum Türsteher Deines Herzens.

Zuflucht

Meine liebe Freundin, mein lieber Freund, wo suchst Du Zuflucht in Zeiten, wenn Deine Lebensreise über holprige Straßen führt und es unbequem wird? Der Mensch empfindet und erlebt das Leben oftmals mehr wie einen beschwerlichen Gang nach Canossa, denn als eine vergnügliche Ferienreise. *(Anm. der Verfasserin: Scherzhaft gesagt.)* Und so ist es gleichermaßen nachvollziehbar wie legitim, dass er sich allerhand hat einfallen lassen, um den Schlaglöchern seines Lebensweges auszuweichen.

In seiner verzweifelten Hilflosigkeit flüchtet er sich vielfach in allerlei religiöse, spirituelle oder psychologische Rituale und Praktiken jedweder Couleur, je nach persönlicher Weltanschauung und Glaubenshintergrund. Alle haben sie ihre Berechtigung, ihre Gültigkeit und ihren Nutzen, wenn – ja, wenn es da nicht einen winzigen, aber entscheidenden Denkfehler gäbe. Der Fehlschluss liegt nicht in der Tatsache als solche, dass der Mensch Zuflucht nimmt und sich zu helfen sucht, sondern vielmehr darin, dass er sie außerhalb seiner selbst sucht. Der Irrtum liegt nicht im Was und Wie, sondern im Wo.

Zuflucht kann immer nur da und dort gefunden werden, wo sie ist. Und so kann es Zuflucht immer nur bei Gott geben. Wir dürfen jedoch niemals vergessen, dass die Trennung von Gott eine irdische Illusion ist. Wie wir an anderer Stelle sagten: Wer Gott im Himmel sucht, der kann ihn nicht auf Erden finden. Und in sich selbst schon gar nicht!

Wo also nimmst Du Zuflucht in Deiner Not? Natürlich kannst Du Gott außerhalb Deiner selbst suchen. Du kannst Gott überall suchen. Tatsächlich ist es völlig gleichgültig, wo Du ihn suchst. Der Schöpfer ist allgegenwärtig und so kannst Du ihn auch überall finden. Die gesamte Schöpfung legt lebendiges Zeugnis davon ab, ist sie doch lebender Beweis göttlicher Allgegenwart.

Tatsächlich ist es – wie gesagt – völlig gleichgültig, wo Du Gott suchst. Deshalb ist es aber noch beileibe nicht egal! Was überall ist, kann überall gefunden werden. Und dennoch: Wir dürfen nicht vergessen, dass wir dann Zuflucht suchen, wenn wir uns in einer Notlage befinden und Not duldet keinen Aufschub. Wenn es der Hilfe bedarf, dann brauchst Du sie umgehend. Kein Mensch geht auf Erden, der davon nicht ein Klagelied singen könnte.

An dieser Stelle unserer Überlegungen kommt also der Zeitfaktor ins Spiel, denn Not duldet keinen Aufschub. Und Liebe erst recht nicht! Wenn Du Gott außerhalb Deiner selbst suchst, dann hast Du ihn dort übersehen, wo er Dir am nächsten ist: in Dir selbst! Immer dann, wenn Du Gott im Außen suchst, bist Du der Trennungsillusion anheimgefallen. In Dir selbst begegnet Dir Dein liebender Schöpfer ganz unmittelbar, denn in Deinem Herzen hat Er seine Heimstatt. Sowie Du Dich auf Dich selbst besinnst, auf Deine Liebe in und zu Dir selbst, bist Du mit Deinem himmlischen Vater verbunden und eins mit ihm.

Deine Liebe ist das Höhere Selbst in Dir, das Dir allzeit und immerdar Zuflucht anbietet und gewährt. Deine Liebe ist Deine Lanze und Dein Schild. Deine Liebe ist Gott selbst, der sein geliebtes Kind nach Hause ruft, wo es niemals Drangsal und Pein geben kann. Wo Liebe ist, da ist aller Not Ende!

10. Teil

Das Gottesprinzip

Schöpfung

Mein lieber Freund, meine liebe Freundin, aller Schöpfung liegt Liebe zugrunde. Dieses größtmögliche aller Mysterien entzieht sich letztlich jeglicher Erklärbarkeit und jeder Definition. Liebe übersteigt alles, was mit Worten gesagt werden kann. Was wir hier zu erkunden suchen, sind ihre Äußerungen, denn diese sind sichtbar und erfahrbar. Die Frucht erlaubt und ermöglicht Rückschlüsse über den Baum, der sie hervorbringt. So, wie Du die Dinge an ihrer Quelle erkennen kannst, so erkennst Du die Quelle an den Dingen.

Seit jeher sucht der Mensch nach einem Gottesbeweis. Er hinterfragt den Ursprung der Schöpfung und vor allem hinterfragt er die Quelle seines eigenen Seins. Nun, wo etwas Geschaffenes ist, da muss es auch einen Schaffenden geben, einen Schöpfer. Unbewusstes kann kein Bewusstsein hervorbringen. Liebloses kann keine Liebe hervorbringen. Du bist Liebe, die sich ihrer selbst bewusst ist und so kann denn auch Dein Schöpfer nichts anderes sein. Aus Baumwolle fertigt Ihr Baumwollkleidung, aus Seide wird Seidenstoff.

Aus Baumwolle könnt Ihr niemals einen Seidenstoff herstellen. Große Dinge sind immer einfach und Gott ist unermesslich groß. Die gesamte Schöpfung beweist ihn und legt sichtbares Zeugnis von ihm ab. Alles und jedes in der Schöpfung erzählt von ihm für denjenigen, der hinzuhören vermag. Das Vermögen hinzuhören ist Dir von Deinem liebenden Vater selbst in die Wiege gelegt, denn Du bist der

Liebe fähig. Dem Liebenden erschließen sich die Dinge allzeit auf vollkommen natürliche Weise und mit überwältigender Selbstverständlichkeit.

Du kannst die Wahrheit über Gott ebenso in einem mächtigen Berg finden wie in einer winzigen Ameise. Doch Du bist weder Berg noch Ameise und so legen wir Dir ans Herz, die göttliche Wirklichkeit dort zu suchen, wo sie Dir am nächsten ist: in Dir selbst. Im Grunde und in Wahrheit ist es sehr viel mühseliger und schwieriger, Gott zu übersehen, als ihn zu finden. Die Welt, wie sie sich darstellt, scheut keine Mühen und die Täuschung ist wahrlich gut gelungen. Sie muss es sein, wenn die Welt ihren heiligen Sinn und Zweck erfüllen soll. Wir dürfen nie vergessen, dass Dein freier Wille ewig unantastbar ist.

Würdest Du Gottes Allgegenwart erkennen und begreifen, dann wäre augenblicklich jeglicher Trennungsillusion ein jähes Ende gesetzt und jede Angst wäre auf ewig vollkommen unmöglich. Doch Du willst wählen können, sonst wärst Du nicht hier. Wie wir wissen, ist Dein Wille Gottes Wille für Dich. Und wenn Du Illusion willst, dann bekommst Du Illusion! Du hast wahrlich eine weise Wahl getroffen, denn das Erwachen in die göttliche Wirklichkeit ist unermesslich schön. Unvorstellbare Glückseligkeit steht Dir bevor, jederzeit greifbar für den, der sie ergreifen will, denn Liebe und Licht sind immerdar und allgegenwärtig.

In der Schöpfung ist ausnahmslos alles vollkommen gefügt zum größten Segen und Heil für alles Geschaffene, denn so will es die Liebe. Und die Liebe hat immer das letzte Wort!

Ausdehnung

Meine liebe Freundin, mein lieber Freund, wie wir wissen, ist die Schöpfung in ewiger Ausdehnung begriffen. Doch was genau bedeutet das? Was heißt das und vor allem, was bedeutet das für Dich? Ausdehnung ist Erweiterung, Ausdehnung ist Erweiterung der Wirklichkeit.

Die Welt, so wie sie sich Dir darstellt, ist eine Zone der dualen Wahrnehmung. Du hast die freie Wahl zwischen Wirklichkeit und Illusion. Dies bedeutet im Klartext und vereinfacht ausgedrückt, dass Du Dich allzeit entscheiden kannst zwischen Liebe und Angst. Du kannst wählen zwischen der Wirklichkeit der Einheitswahrnehmung oder der Trennungsillusion. Was wirklich ist, das ist es überall, so auch in irdischen Gefilden. Doch wie wirklich ist die Wirklichkeit? Nun, sie ist sehr viel ›wirklicher‹ als jede Illusion Dir je vorzugaukeln in der Lage ist.

Bildlich gesprochen könnte man sagen, dass ›ein bisschen Wirklichkeit‹ sehr viel mehr Realitätsgehalt hat als ›ganz viel Illusion‹. Uns dürfte klar sein, dass wir hier in einem sehr übertragenen Sinne sprechen. Das müssen wir, denn der Mensch, der an Raum und Zeit gebunden ist, denkt gerne in Mengenbegriffen. Natürlich ist Wirklichkeit keine Frage der Quantität, sie ist eine Frage der Qualität. So wie die Liebe, so ist auch die Wirklichkeit niemals partiell. Ein winziges Quäntchen Liebe hat mehr Wirklichkeitsgehalt als alle Angst der Welt zusammengenommen.

Die Schöpfung ist also in ewiger Ausdehnung begriffen. Schöpfung ist Liebe und so kann es denn auch nur die Liebe sein, die sich ewig ausdehnt und erweitert. Von ihrem Wesen her und in sich selbst vollkommen, kann sich Liebe in diesem Sinne niemals steigern. Wir wiederholen es gerne: Liebe steigert sich nicht! Was in sich selbst vollkommen ist, das schließt alles ein. Mit anderen Worten: Liebe ist bereits alles, was sie je sein kann. Liebe ist der einzige und ewige Superlativ, den es jemals geben kann.

Liebe steigert sich nicht, Liebe erschaut sich. Ausdehnung geschieht immer da und dort, wo die Gegenwart der Liebe erkannt wird. Ausdehnung ist also lediglich eine andere Bezeichnung für die Erweiterung des Liebesbewusstseins. Das ist Evolution! Wir zeigen dies gerne auf anhand eines ganz praktischen Beispiels: Auf der Straße triffst Du einen jungen Mann, den Du schon lange kennst. Er ist Dir also bekannt und vertraut und so kommt ihr ins Gespräch. Und wie er so redet und erzählt, wird Dir plötzlich und völlig unerwartet bewusst, dass er ein sehr charmantes Lächeln hat. Dieser unaufdringliche Charme, er war schon immer da, dennoch hast Du ihn nie zuvor wahrgenommen.

Es ist wie ein Wunder, es geschieht wie von Zauberhand. Immer schon war es da, vollkommen offensichtlich und direkt vor Deinen Augen. Und doch warst Du wie mit Blindheit geschlagen. Was steckt dahinter? Woher kommt diese mysteriöse Kraft, die Dir die Augen zu öffnen in der Lage ist? Das ist Liebe, wie sie leibt und lebt! Diese alles antreibende Kraft ist immer und überall gegeben, ständig aktiv und allzeit verfügbar. Und so geben wir gerne ein weiteres Beispiel: In Deinem Garten steht seit langem eine alte Buche. Und eines schönen Frühlingsmorgens und wieder –

wie von Zauberhand – öffnen sich Deine Augen und Du wirst – im wahrsten Sinne des Wortes – hellsichtig. Die anmutige Süße und Zartheit ihres lindgrünen Laubaustriebes im Lenz eröffnen sich Deinem Blick.

Liebe ist in ewiger Ausdehnung begriffen, die Illusion hingegen vermag das nicht. Illusion ist ewig einfach nur Illusion. Illusion ist Irrtum, mehr ist sie nicht und mehr kann und wird sie niemals sein. Die Wirklichkeit der Liebe fegt jede Illusion einfach davon und rafft sie dahin in einem einzigen Augenblick. Und es wird sein, als sei sie nie gewesen. Dieses charmante Lächeln und das zarte Lindgrün, Du wirst sie nie wieder übersehen, denn was einmal erkannt ist, das ist für die Ewigkeit erkannt.

»Ausdehnung bedeutet Leben,
Liebe ist Ausdehnung. Liebe ist somit
das einzige Gesetz des Lebens.
Wer liebt, der lebt.«
Swami Vivekananda

Bewahrung

Mein lieber Freund, meine liebe Freundin, die Hege und Pflege dessen, was geliebt wird, ist zutiefst angelegtes Schöpfungsprinzip und in allem und jedem latent vorhanden. Bewahrung beinhaltet das Wörtchen ›wahr‹. *(Anm. der Verfasserin: Ihr wisst schon. Regulus lacht herzlich.)* Aber was ist Wahrheit? Wahrheit ist etwas, das nicht hergestellt werden kann. Wahrheit ist!

Wahrheit ist alles, was der Liebe entspringt und ihr zugeordnet werden kann. Alles, was schön und gut ist, ist auch wahr. Ohne Wahrheit können Schönheit und Güte nicht sein, ohne Schönheit und Güte keine Wahrheit. Es ist einfach, Wahrheit zu erkennen. Anders als die Illusion, die sich stets zu tarnen sucht, ist Wahrheit immer authentisch. Illusion gibt sich für Wahrheit aus, das ist das Wesen der Illusion und ihre einzige Waffe, denn eine andere hat sie nicht und kann sie niemals haben. Doch die Dinge sind und bleiben ewig, was sie sind. So spricht die Wahrheit allzeit für sich selbst, sie ist vollkommen offenbar, denn sie bedarf keiner Tarnung.

Nur Liebe ist Wahrheit, alles, was nicht Liebe ist, ist Illusion. Liebe bewahrt sich selbst, dadurch bewahrheitet sie sich. Was bedeutet das? Liebe bewahrt, hegt und pflegt das Geliebte. Die Fürsorge der Liebe ist wahrlich unermesslich. Dies tut sie in der einzig möglichen Weise: im Dabei-Belassen dessen, was geliebt wird. Das ist die heilige Schutzfunktion der Liebe selbst und damit des Göttlichen, die den ewigen Fortbestand alles jemals Geschaffenen sicherstellt. Nichts und niemand kann es geben, das da je verloren ginge, würde das doch der Liebe selbst völlig zuwiderlaufen.

Gott liebt nicht auf Zeit und so schafft Er auch nicht auf Zeit. Was Er schuf und erschafft, das ist auf ewig gesichert und in seiner Liebe geborgen. Der illusionäre Charakter der Dualität mag Dir ein anderes Bild vorgaukeln. Das, was sich Dir als Vergänglichkeit darstellt, ist im Grunde und in Wahrheit nichts weniger als das. Vielmehr ist es ein ständiges Kommen und Gehen, dem Wechsel der Gezeiten vergleichbar. Wo Leben ist, kann es niemals ein Ende geben und in gewisser Weise gibt es nichts, was da nicht belebt wäre. Kommen und Gehen stellen das Leben unter Beweis und nicht den Tod!

Der *Kurs in Wundern* erklärt den unendlichen Fortbestand alles Seienden mit den wunderbaren Worten: »Nichts Wirkliches kann bedroht werden. Nichts Unwirkliches existiert. Hierin liegt der Frieden Gottes.« Da die Illusion als solche keinen Wirklichkeitsgehalt hat und haben kann, ist sie ihrem Wesen nach vergänglich. Sie fällt der Zeit anheim. Hierin liegt die Erlösungsbotschaft für Dich begründet, bedeutet es doch nichts weniger, als dass es nur eine Frage der Zeit ist, bis Du der Angst überdrüssig bist und ihr somit ein Ende bereitest. Das sichere Ende der Illusion wird in dem Augenblick besiegelt, wenn Du Dich für sie entschieden hast.

Bewahrung ist wahr, weil sie der Liebe entspringt. Gott hegt und pflegt seine gesamte Schöpfung immerdar. Und es wird keinen Morgen geben, an dem die Sonne nicht für Dich aufgeht. Dieser Tag wird niemals kommen.

11. Teil

Dem Leben auf der Spur

Der freie Fall

Meine liebe Freundin, mein lieber Freund, wie tief kann ein Mensch fallen? Nun, so tief er auch fallen mag, immer nur fällt er bis in die liebenden Arme seines himmlischen Vaters. Die Illusionen der Angst können mitunter höchst grausam sein, wir sind uns dessen sehr bewusst. Angst hat viele Gesichter und keines davon ist schön. Furcht verzerrt die Wahrnehmung und lässt die Dinge anders erscheinen, als sie sind. Immer mutet die Illusion sehr wirklich an. Dort wo Angst auftritt, scheint sie immer berechtigt, sonst wäre sie nicht.

Bilder trostloser Hoffnungslosigkeit zeigen immer und ausnahmslos eine grobe Verzerrung der göttlichen Wirklichkeit, die auch die Deine ist. So menschlich Angst auch sein mag, der Mensch ist nicht zur Angst geboren. Der Mensch ist zur Liebe geboren. Der Mensch ist dazu bestimmt und erkoren, die Trennungsillusion zu überwinden und damit jede Angst hinfällig zu machen.

So manchem unter Euch mutet das Leben als solches nicht selten an wie ein gewagter Hochseilakt. Oftmals fühlt Ihr Euch wie ein Trapezkünstler, innerhalb der Trennungsillusion kann es anders nicht sein. Das ist es, was das Leben innerhalb der Dualität so ehrenwert macht. Kein Mensch geht auf Erden, der nicht ein begnadeter Trapezkünstler wäre. Dein Leben wird genau in dem Maße einfach, leicht und lustvoll, in dem Du dem Fänger vertraust. Doch kannst Du dem Fänger vertrauen? Wie kannst Du das wissen? Du kannst es nur in Erfahrung bringen, wenn Du Dein Schicksal vorbehaltlos und vertrauensvoll in seine Hände legst und Dich fallen lässt.

Immer da und dort, wo Du Dich in blindem Vertrauen auf die Macht und Allgegenwart der Liebe fallen lässt, kann das Leben Dich auffangen. Das göttliche Timing ist immer perfekt und versagt niemals. Und so ist es, dass Du Dich fallen lässt und dennoch emporsteigst, denn näher als im absoluten Vertrauen auf die Liebe kannst Du Deinem himmlischen Vater nicht sein. Hier bist Du unmittelbar mit ihm verbunden, hier löst sich jede Angst in Luft auf und zerplatzt wie eine Seifenblase, von der nichts übrig bleibt.

Das göttliche Timing, von dem hier die Rede ist, ist eines der wundervollen Geschenke der Liebe selbst an den Menschen, direkt hinein in die Wahrnehmung von Raum und Zeit. In Band VI unserer Botschaften sprachen wir davon, dass Liebe – und einzig Liebe – über der Dualität steht und sie um ein Unendliches übersteigt. Nur dies macht vollkommenes Timing möglich. Da es die Zeit für die Liebe nicht gibt, kann sie auch niemals ›zur falschen Zeit‹ kommen. Sie ist immer da und so kommt sie niemals verfrüht oder zu spät. Dein Hochseilakt ist niemals riskant, mag es für Dich auch noch so sehr danach aussehen.

Dein himmlischer Fänger ist immer präsent, stets darauf wartend, dass Du Dich in seine Arme fallen lässt. Aufgefangen wirst Du immer und ausnahmslos, denn die göttliche Wirklichkeit kann niemals ausgehebelt und außer Kraft gesetzt werden. Liebe kennt keine Auszeiten. Doch nur, wenn Du im Vertrauen bist, wirst Du Dir dessen gewahr. Angst ist das, was sich einstellt, wenn Deine Wahrnehmung der Wirklichkeit versagt. So wisse, dass Du Dich irren musst, wenn Du Angst hast. Von dieser Regel gibt es keine Ausnahme, wir werden nimmer müde, es Dir zu sagen, damit es bis auf den Bodengrund Deines schreckhaften Herzens sinken möge.

»Wer sich im freien Fall in die Tiefe
der Gefühle stürzt, begibt sich in
die sichere Hand der Liebe.«
Unbekannt

Kür und Pflicht

Mein lieber Freund, meine liebe Freundin, das Leben, so, wie es sich Dir darstellt, ist gleichermaßen Kür und Pflicht. Der Pflichtteil umfasst den im Vorfeld jeder Inkarnation fest umrissenen Lebensplan, den die Seele mit größter Umsicht und Weisheit erstellt. Wir sprachen bereits davon. Tatsächlich ist die Weisheit, die jedem Lebensplan zugrunde liegt, schier unbeschreiblich. Diesen vorgegebenen Lebensplan sucht jeder Mensch zu erfüllen, dies geschieht ganz unwillkürlich, ohne bewusstes Zutun, denn beim Eintritt in die Materie wird dieser Plan vergessen. Nun, im Grunde und in Wahrheit ist es weniger ein Vergessen als vielmehr eine Verschiebung, denn auf Seelenebene bleibt sich der Mensch seiner Vorhaben vollkommen bewusst.

Immer wieder betonen wir die Unantastbarkeit des freien Willens und eben dieser freie Wille ist die Kür des Lebens. Wir dürfen nicht vergessen, dass die Erstellung des jeweiligen Lebensplanes dem freien Willen unterliegt und zwar in vollkommener Weise. Die Seele weiß, was sie will, sie weiß es immer. Dieser Plan wird nicht ›von oben‹ aufgezwungen, da ist nichts und niemand, der Dir irgendetwas aufzwingen würde. Wer sollte so etwas wollen? Du bist unermesslich geliebt und was immer auch geliebt ist, das ist frei geboren. An dieser Stelle verweisen wir gerne auf unsere Anmerkungen bezüglich des Karmas, von dem wir in Band VI unserer Botschaften sprachen.

Der Mensch ist also frei geboren. In welcher Weise er diesem Lebensplan Folge leistet, steht ihm allzeit völlig frei. Die Erfüllung dieses gewählten Lebensplanes ist für die Seele von unwiderstehlicher Anziehungskraft. Hier verschmelzen Kür und Pflicht zu einer wundersamen Einheit und sind letztlich nicht voneinander zu trennen, denn die Seele folgt ihrem jeweiligen Plan mit großer Freude und einem Gefühl tiefster Glückseligkeit. Was aber ist Pflicht für den, der Freude daran hat? Pflicht kann immer nur sein, was als solche empfunden wird. Kür und Pflicht sind also letztlich dasselbe.

Der Mensch, ist er erst einmal inkarniert, sieht das naturgemäß völlig anders. Das ganze Leben, so scheint ihm, ist eine heikle und oftmals aufreibende Gratwanderung zwischen Wollen und Müssen. Dabei vergisst und übersieht er nur allzu leicht, dass auch der Zwang seiner freien Entscheidung unterliegt. Die Unterwerfung unter die Zwänge des Lebens ist ohne Freiwilligkeit nicht möglich. Unter die Knute des Lebens begibt sich der Mensch immer nur so weit, wie er sein Dasein als Knechtschaft empfindet.

Kür und Pflicht verschmelzen immer da und dort, wo Liebe im Spiel ist. Hier verschwimmen alle Grenzen und das darf uns nicht wundern. Wir wissen, dass nur die Liebe über der Dualität steht und hier haben wir ein weiteres wundervolles Beispiel für diese ewige, unumstößliche Tatsache. Liebe ist Verpflichtung, sie ist sich selbst verpflichtet. Dennoch ist sie vollkommen freiwillig – im wahrsten Sinne des Wortes –, denn Liebe kennt weder Zwang noch Nötigung.

Wenn der Mensch sich dem Leben hilflos ausgeliefert fühlt, dann hat er sich selbst übersehen. Er übersieht seine eigene Größe, seine Macht und seine gottgegebene Freiheit.

Unerschütterliches Gottvertrauen in die tiefe Sinnhaftigkeit des Lebens mit allem, was darin geschieht, lässt Dich Dein Dasein erkennen als das, was es letztlich ist: eine vollkommene, bravouröse, ewige Kür!

»Alles was Pflicht heißt,
steht niedriger als wir denken.
Alles was Liebe heißt,
steht höher als wir denken.«
Paul Richard Luck

Siedler und Wanderer

Meine liebe Freundin, mein lieber Freund, Ihr alle seid sowohl Siedler als auch Wanderer in Eurem Leben. Ihr spielt also zwei unterschiedliche Rollen gleichzeitig und Ihr alle spielt sie wahrlich virtuos.

Wenn der Mensch inkarniert, dann siedelt er sich in diesem jeweiligen Leben an. Ihr lasst Euch in der Welt nieder und werdet sozusagen ansässig. Vor allem aber lasst Ihr Euch nieder innerhalb eines festen Gefüges, das Ihr als Eure Identität bezeichnet. Ihr identifiziert Euch über all das, was Ihr zu sein glaubt. Der familiäre, kulturelle, historische und religiöse Hintergrund, die nationale Zugehörigkeit, Eure Muttersprache: All diese Dinge nehmen Einfluss und definieren Euer Selbstbild maßgeblich.

Dieses feste Gefüge bildet den Rahmen, der Euch ein Gefühl von Stabilität und Sicherheit vermittelt. Eure jeweilige Identität empfindet Ihr also als eine feststehende Größe. In der Tat taucht Ihr so tief in Eure jeweilige ›Lebensrolle‹ ein, dass Ihr vergesst, dass sie Teil eines großartigen Spiels ist. Dieser klar abgegrenzte Rahmen, sozusagen der Siedler in Euch, ermöglicht Eure zweite Rolle, nämlich die des Wanderers, denn von all diesen feststehenden Gegebenheiten ausgehend, begebt Ihr Euch im Verlauf Eures Lebens auf die Wanderschaft.

Ihr brecht auf und unternehmt einen Streifzug. Dies tut Ihr, indem Ihr all das macht und tut, was Ihr eben tut: Ihr probiert Euch aus, Ihr erkundet Euch selbst und erforscht Eure ureigene Persönlichkeit. Ihr wägt ab und trefft Entscheidungen. Ihr beobachtet und reagiert. Ihr handelt und Ihr lasst geschehen. Ihr redet und schweigt. Ihr liebt und hasst. Das ist Menschsein!

Und so wandert Ihr von Euch selbst ausgehend, um doch auch immer wieder bei Euch selbst anzukommen. Ihr bereichert Euch und reichert Euch an mit Erfahrung, denn einen anderen Reichtum kann es niemals geben. Leben ist Anreicherung von und durch Erfahrung. Ihr reichert Eure Persönlichkeit an, was wiederum dem Siedler in Euch zugutekommt. Dieses grandiose Wechselspiel ist wahrlich ein Meisterstück, wie es nur unter göttlicher Regie vorstellbar ist.

Die Seele des Menschen ist allzeit und unter allen möglichen Lebensbedingungen auf Mehrung und Anreicherung bedacht, in dieser Welt wie auch in jeder anderen. Was aber ist Anreicherung? Was kennzeichnet sie? Die Seele kennt nur ein einziges Ziel: die Anreicherung der Liebe! Da nur Liebe wirklich ist, kann es keine andere Art von Anreicherung geben. Alles – wirklich alles –, was nicht Liebe ist, ist Illusion. Anreicherung der Liebe ist Anreicherung durch Liebe. So verfolgen Siedler und Wanderer unterschiedliche Ziele und doch auch dieselben, denn alles ist gegeben und gefügt, diesem einen Ziel zu dienen.

Der Mensch lebt also sein Leben vom Beginn der Inkarnation an bis zu seinem Tode und solange Menschen inkarnieren, sind sie immer auch Wanderer zwischen den Welten. Die Seele ist, so freudig sie sich auch der Wanderschaft verschreibt, immer auch ein Siedler und so kehrt sie immer wieder zurück nach Hause in die göttliche Wirklichkeit der immerwährenden Liebe. Hier holt sie sich all ihre Kraft und schnürt ihr Ränzlein für ihre nächste Wanderung, befüllt und ausgestattet mit immer mehr Liebe. Ist das nicht wundervoll?

»Die beiden schönsten Dinge sind die Heimat,
aus der wir stammen, und die Heimat,
nach der wir wandern.«
Johann Heinrich Jung-Stilling

Vom geborgten Glück

Mein lieber Freund, meine liebe Freundin, Glück kann man nicht kaufen! Bevor Ihr uns nun empört der banalen Floskel bezichtigt, müsst Ihr Euch die Frage gefallen lassen, warum Ihr es dann Euer Leben lang versucht. *(Anm. der Verfasserin: Sehr scherzhaft gesagt.)* Nun, das tut Ihr wirklich und Ihr trefft eine weise Wahl: Glück kann man nicht kaufen, aber man kann es borgen!

Die Angebote dieser Welt sind wahrlich reichhaltig und verlockend. Das ist ihr Sinn und Zweck. Ihr zieht also los und kauft Euch von all diesen Dingen jene, von denen Ihr Euch einen Glückszugewinn erhofft, denn das ist die Triebfeder für alles Machen und Tun des Menschen. Ihr erwartet Glück, indem Ihr der Dinge habhaft werdet. Und das ist richtig so, denn alles – wirklich alles – ist gegeben, Euch zu dienen und so sind es auch die Güter dieser Welt.

Nun ist es kein Zufall, dass Du dieses willst und jenes ablehnst. Je nach persönlichem Selbstverständnis und individueller Veranlagung magst Du das eine und das andere eben nicht. Du definierst Dich über die Dinge, die Du magst, die Dir gefallen und deren Besitz Du anstrebst. Nun ziehst Du also los und kaufst ein. Der Besitz des Neuen und sehnsüchtig Erwarteten macht Freude und das ist ganz wundervoll. Doch dann geschieht etwas Seltsames: Kaum siehst Du Dich als stolzer Besitzer, drängt es Dich ›zu neuen Ufern‹. Der nächste Wunsch steht schon an der Türschwelle Deines Gemütes und klopft an, erst leise und zaghaft, doch dann immer lauter und penetranter. Das Klopfgeräusch mutiert rasch zu einem ohrenbetäubenden Hämmern und zwingt Dich schließlich, handelnd einzugreifen. Du gibst dem Drängen nach, ziehst los und ... Du weißt schon!

Das Glück, das Du Dir versprachst, es ist nur von kurzer Dauer, eben ein Glück auf Zeit. Jeder erfüllte Wunsch hat schon den nächsten im Gepäck. Dennoch versuchst Du es immer wieder, viele ein ganzes Leben lang, wie ein Hamster im Rad. Der Mensch neigt zu dem Glauben, er habe das ›Richtige‹, das Allein-Seligmachende eben noch nicht gefunden, anders kann er sich diese mühsame Endlossuche nicht erklären.

Leben ist Bereicherung durch das Sammeln von Erfahrung. Wie aber kannst Du wissen, worin Dein Glück zu finden ist, wenn Du es nicht versuchst und Dich ausprobierst? Mit anderen Worten: Du musst die Dinge besessen haben, um zu wissen, dass Dein Glück eben nicht in deren Besitz liegt und woanders zu finden sein muss. Wie wir sagten, Ihr trefft wahrlich eine weise Wahl. Ihr lebt, handelt und lernt sozusagen durch das Ausschlussprinzip. Nun führt ein Umweg zum Glück auch dorthin.

Ein kluger Mann sagte einmal: »Man muss sich auch an den Dingen freuen können, ohne sie haben zu wollen.« In den Bereichen, in denen Ihr dies erkannt habt und lebt, geht Ihr den direkten Weg zum Glück, denn dann seid Ihr wahrhaft frei von den Dingen und somit in deren Besitz.

»Der erfüllte Wunsch macht gleich
einem neuen Platz: Jener ist ein erkannter,
dieser ein noch unerkannter Irrtum.«
Arthur Schopenhauer

Die Bürgschaft

Meine liebe Freundin, mein lieber Freund, gibt es in Deinem Leben etwas, an das Du zutiefst glaubst? Etwas, das über jeden je denkbaren Zweifel erhaben ist? Oder gibt es da vielleicht einen Menschen, für den Du jede Bürgschaft leisten würdest, ohne auch nur einen Augenblick zu zögern? Eine Idee, eine Vision?

Vielen Menschen kommt im Laufe ihres Lebens der Glaube abhanden. Oft, in aller Regel so gegen Mitte des Lebens, verliert Ihr den Glauben an das Gute in der Welt. Und letztlich verliert Ihr auch den Glauben an das Gute in Euch selbst. Wo das Gute im eigenen Ich nicht mehr wahrgenommen wird, kann es auch nicht mehr im Mitmenschen gesehen werden. Vom Leben frustriert und enttäuscht, zieht Ihr Euch schließlich innerlich aus dem Leben zurück und geht Euch selbst und anderen aus dem Weg. Eine dumpfe Atmosphäre von Resignation und apathischer Schicksalsergebenheit macht sich dort breit, wo noch in jungen Jahren Lebensfreude, Offenheit und Hingabe herrschten.

Wenn der Mensch den Glauben an das Gute in sich selbst verliert, dann durchtrennt er seine tiefste und wichtigste Anbindung an sein eigenes Inneres. Er schneidet sich von sich selbst ab. Dieser Verlust kommt immer einer schweren Erschütterung gleich, denn der eigene Selbstwert wird, wenn überhaupt, nur noch verzerrt wahrgenommen. Die Bedeutung der Selbstliebe haben wir in all unseren Botschaften immer wieder zum Thema gemacht. Ihr Stellenwert kann gar nicht hoch genug angesiedelt werden. Es ist nicht möglich, sich selbst zu lieben und sich gleichzeitig den Glauben an das Gute zu verweigern.

Liebe ist Güte und Güte ist Liebe. Die Selbstliebe bringt nicht nur das Gute im Menschen zum Vorschein, sie ist Urheber und Ursache alles Guten im Menschen. Selbstliebe zieht unfehlbar den Glauben an sich selbst und die Erkenntnis der eigenen Wertigkeit nach sich. Wo Liebe im Spiel ist, da ist Gott im Spiel und dort ist immer Heilung. Gott selbst verbürgt sich für Dich, denn Er weiß, was Er schuf. Deine Selbstzweifel mögen Dich täuschen können, ihn können sie niemals in die Irre führen.

Du bist ein Kind der Liebe und Du bist der Liebe fähig. Wofür verbürgst Du dich, wenn nicht für die Liebe? Was, wenn nicht Liebe, könnte je eine Bürgschaft rechtfertigen? Mehr Sicherheit kann es niemals geben. Und so verbürgt sich unser aller himmlischer Vater höchstselbst für all seine Kinder und somit für seine gesamte Schöpfung. Alles und jedes legt lebendiges Zeugnis dafür ab.

Du willst Sicherheiten? Dann bist Du Dir der Allmacht der Liebe nicht bewusst und somit blind für Dich selbst. In der Hingabe an die Liebe als solche liegen alle Sicherheiten und jeder nur erdenkliche Schutz. Einen Menschen, der sich selbst liebt, kann man nicht betrügen. Das ist allzeit völlig unmöglich. Menschen können immer nur sich selbst betrügen. Das tust Du immer dann, wenn Du Dir die Selbstliebe verweigerst und Dich somit um den Glauben an Dich selbst bringst. Liebe leistet Bürgschaft, Liebe ist Bürgschaft. Liebe ist das einzige und ewige JA.

Entlang der Leitlinie

Mein lieber Freund, meine liebe Freundin, was ist in Deinem Leben bestimmend, was richtungweisend? Wem folgst Du? Kannst Du Dich auf Dich selbst verlassen? Und kannst Du es dann auch noch, wenn Dein Verstand zu versagen scheint und alle Stricke reißen? Der Mensch neigt im Allgemeinen dazu, seinen Verstand höher zu bewerten als sein Herz, und so ist es denn auch der menschliche Verstand, der in der Regel einen Vertrauensvorschuss genießt.

Dieser Vertrauensvorschuss, so nachvollziehbar er auch sein mag, ist nur bedingt legitim. Das Leben mit all seinen Unwägbarkeiten ist eine sehr komplexe Angelegenheit und so findet der Mensch sich nicht selten in Sackgassen wieder, aus denen es keinen Ausweg zu geben scheint. Alle verzweifelten Argumente des Verstandes versagen und bringen nicht weiter. Ist der Mensch erst einmal an diesem Punkt angelangt, dann drehen sich seine Gedanken im Kreise, er kommt einfach nicht weiter und die Lage scheint so verzwickt wie aussichtslos. Das sind die Grenzen des Verstandes und es gibt wohl kaum einen Menschen, der kein Klagelied davon singen könnte.

Der Verstand ist begrenzt, die Liebe ist es nicht! Ist der Mensch sich dessen erst einmal zutiefst bewusst, dann wird alles anders. Der Verstand mag ein guter Diener sein, zum Herrn taugt er nicht. Doch so weit ist unser Proband in unserem Beispiel noch nicht, denn Eigensinn und Ängstlichkeit liegen zutiefst in Eurer wundervoll liebenswürdigen

Menschlichkeit begründet. Und so sucht der Mensch in aller Regel auch erst dann woanders, wenn er schließlich erkennt und endlich einsieht, dass es so nicht geht und wohl auch nicht gehen kann. In gewisser Weise seid Ihr wie ein Kind, das immer wieder an die heiße Herdplatte fasst, obwohl es sich schon oft daran verbrannt hat. Indem Ihr dies tut, lotet Ihr aus und sucht Euch selbst zu erkennen und auf die Spur zu kommen.

Wenn der Mensch denn endlich in seiner unbeholfenen Ratlosigkeit am ›Ende seiner Weisheit‹ angekommen ist, wendet er sich anderen Quellen zu und sucht Hilfe und Rat in seinem Herzen. Und was Euch oftmals wie ein Aufgeben anmuten mag, ist in Wirklichkeit Euer größter Triumph. Die bedingungslose Kapitulation des Verstandes öffnet Eure Sinne für die Stimme des Herzens und somit für Eure wundervolle Intuition, die nun endlich hilfreich eingreifen kann.

Doch was ist Intuition? Was ist diese ominöse Macht, die Ihr auch Euer Bauchgefühl nennt? Intuition ist das verkannte Kind des Menschen: Die Stimme Deines Herzens, sie ist nichts anderes als die Antwort Deiner Seele. Die Seele bittet allzeit um Gehör, denn sie ist die Stimme Gottes in Dir. Die Intuition ist die unfehlbare Leitlinie Deines Lebens, allzeit bereit, handelnd einzugreifen und Dir hilfreich zur Seite zu stehen. Hat sie Dich je im Stich gelassen?

Wir dürfen niemals vergessen, dass Dein freier Wille ewig unantastbar ist. Und so ist die Stimme Deiner Intuition immer nur in dem Maße hörbar, wie Du es willst und ihr erlaubst, sich zu offenbaren. Je tiefer und unerschütterlicher Dein Vertrauen, desto deutlicher ihre bewusste Wahrnehmung. Und so ist die Kapitulation des Verstandes immer auch eine Liebeserklärung an das Herz.

Die gute Partie

Meine liebe Freundin, mein lieber Freund, bist Du eine gute Partie? Bist Du eine gute Partie für Dich selbst? Stehst Du Dir selbst treu zur Seite, in guten wie in schlechten Zeiten? Wer steht hinter Dir, wenn sonst niemand mehr hinter Dir steht? Kannst Du an Dich selbst glauben, ohne Wenn und Aber? Was, wenn nicht all dies, macht eine gute Partie zu dem, was sie ist?

Im Allgemeinen hat der Mensch die Neigung, alles und jedes, das er braucht, außerhalb seiner selbst zu suchen und auch das Gras scheint ihm immer anderswo grüner, als dort, wo er gerade ist. Irgendwie scheint er immer zur falschen Zeit am falschen Ort, sowohl äußerlich als auch in seinem Inneren. Nichts entfernt den Menschen so sehr von sich selbst wie quälende Selbstzweifel. Sie nagen an seiner Substanz und an der gottgegebenen Integrität seines Soseins. Nun ist diese Integrität allzeit unantastbar, so wie alles von Gott Gegebene, doch hat der Zweifel den Menschen erst einmal in seinen Fängen, ist der Mensch sich seiner Integrität nicht mehr gewahr. Und so ist der Selbstzweifel immer nur einen kleinen Schritt vom Würgegriff der Angst entfernt, denn der Zweifel ist eine Erschütterung auf tiefster Ebene.

Gerade in solchen Zeiten ist der Mensch zur Loyalität sich selbst gegenüber aufgerufen, denn genau dann entfaltet sich die Loyalität zu ihrer vollen Blütenpracht. Wo bist Du, wenn Du Dich selbst und das Leben nicht mehr verstehst?

Wo bist Du, wenn Du Dich am meisten brauchst? Wenn es Dir schier den Boden unter den Füßen wegreißt, wie tief lässt Du Dich fallen, bevor Deine Selbstliebe Dich auffängt? Wenn der Mensch an seiner Wahrnehmung zweifelt, dann zweifelt er letztlich immer an sich selbst. Die Wahrnehmung ist das, was der Mensch für wahr annimmt, also das, von dessen Richtigkeit er überzeugt ist. Hier geht es nicht darum, sich selbst niemals zu hinterfragen, sondern es geht vielmehr darum, seine Wahrnehmung so, wie sie sich darstellt, als gegeben hin- und anzunehmen.

Alles im Leben hat einen Grund, eine Ursache und nichts kann je geschehen, das einer tiefen Sinnhaftigkeit entbehren würde. Dein ureigenes Sosein rechtfertigt sich durch sein reines Sein. Mit anderen Worten: Du darfst all das sein, was Du bist. Du darfst ganz und gar Du selbst sein und dieses Sosein ist zutiefst heilig und unantastbar. In diesem Bewusstsein bist Du offen und empfänglich für die Selbstliebe, die allzeit Heilung von jeglicher Drangsal und Not garantiert.

Bevor Du also eine sogenannte gute Partie in Deiner Außenwelt machen kannst, musst Du sie Dir in Deinem ureigenen Innersten zugestehen. Die unverbrüchliche Treue Dir selbst gegenüber macht den Weg frei für Wunder aller Art. Wunder geschehen im Inneren, nur dort können sie ihren Ursprung nehmen, um schließlich auch im Außen wahrgenommen werden zu können. Liebe ist wahrhaft wunderbar, denn sie ist selbst das Wunder. Liebe ist Wunder und bewirkt immer Wunder.

In dem Maße, in dem Du offen bist für die Liebe, kann sich Dir das Wunder offenbaren, das sie ist mitsamt all ihren Wirkungen. Hier werden Wunder ganz offensichtlich und vollkommen selbstverständlich. An dieser Stelle zitieren wir gerne den *Kurs in Wundern*, der da sagt: »Es gibt keine Rangordnung der Schwierigkeit bei Wundern. Eines ist nicht ›schwieriger‹ oder ›größer‹ als ein anderes. Sie sind alle gleich. Alle Äußerungen der Liebe sind maximal. Wunder als solche spielen keine Rolle. Das Einzige, was eine Rolle spielt, ist ihre Quelle, die weit jenseits der Bewertung ist. Wunder geschehen auf natürliche Weise, als Äußerungen der Liebe. Das wirkliche Wunder ist die Liebe, die sie inspiriert. In diesem Sinne ist alles, was aus der Liebe kommt, ein Wunder.«

»Der Wunder größtes ist die Liebe.«
Hoffmann von Fallersleben

12. Teil

Traum, Illusion und Wirklichkeit

Der Traum vom großen Glück

Mein lieber Freund, meine liebe Freundin, es gibt wohl keinen Menschen, der nicht vom großen Glück träumt. Wollten wir Glück als solches denn erst einmal definieren, so kämen wir wohl kaum zu einer einheitlichen Definition, bedeutet es doch für jeden Menschen etwas anderes. Was dem einen sein schönes Auto, das ist dem anderen die Urlaubsreise und einem Dritten die steile berufliche Karriere. Ein Leben ist kurz und der Wünsche sind da viele.

Doch woran machen Menschen ihre Vorstellung von Glück fest? Welche Kriterien liegen ihrer jeweiligen und ganz persönlichen Definition zugrunde? Von den entscheidenden Prägungen durch Faktoren wie Erziehung, religiösem, kulturellem und historischem Hintergrund sprachen wir bereits. Diese Prägungen sind wie eine Art Stempel. Sie entscheiden maßgeblich darüber, welchen Stellenwert der Mensch den Dingen gibt, die seinen bunten Lebensweg kreuzen.

So ist zum Beispiel eine starke familiäre Prägung im Umgang mit dem Themenkomplex ›Körper, Gesundheit, Krankheit‹ von entscheidender Bedeutung für einen Menschen, der mit dieser Thematik konfrontiert ist. Für einen anderen Zeitgenossen mag es der Stellenwert des beruflichen Werdeganges sein, je nachdem, wie viel Raum dieses Thema innerhalb seiner Ursprungsfamilie eingenommen hat.

Hier spielt sehr viel weniger das Ausgesprochene eine Rolle als sehr viel mehr das Vorgelebte. Dabei ist es völlig gleichgültig, in welchem Bereich die Schwerpunkte liegen. Nun ist dies letztlich in allen Lebensbereichen der Fall. Nichts ist so machtvoll wie das gelebte Beispiel. Dasjenige, was der Mensch lebt, dem misst er einen Wert bei. Und Werte werden immer von einer Generation an die nächste weitergereicht. Dies ist so, weil ein Wert als solcher einem tiefen Glauben entspringt. Glauben aber kann man nicht heucheln oder vorgaukeln, genau so wenig wie Hoffnung oder Liebe. Was echt ist, das ist allzeit unwiderstehlich.

Eben diese Werte werden immer und ausnahmslos in den Tiefen der Persönlichkeit integriert, sie sind einer individuellen Gravur vergleichbar. Diese Gravur ist lebenslang aktiv und bestimmt das Denken und Erleben des Menschen maßgeblich. Sie sind wie die Ausrüstung eines Handwerkers und bilden die Werkzeuge, mit denen er lebenslang arbeitet. Der Mensch ›arbeitet‹ also mit den ihm vorgegebenen Werten. Dies tut er, je nach seiner ureigenen Persönlichkeitsstruktur, indem er sie entweder ungeprüft übernimmt, hinterfragt und analysiert oder auch rundweg ablehnt. So zum Beispiel, wenn sich der heranwachsende Sohn des karrierebeflissenen Kaufmannes – sehr zum Missfallen des Vaters – für ein Leben als brotloser Künstler entscheidet.

Ein Wert an sich ist also keine ›feststehende Größe‹, der Mensch jedoch, der sich einem jeweiligen Wert verschreibt, ist es sehr wohl. Mit anderen Worten: Ein Wert hat den Wert, den er Dir wert ist. *(Anm. der Verfasserin: Scherzhaft gesagt.)* Wir sprachen bereits davon, dass die Wahl der Ursprungsfamilie vor der jeweiligen Inkarnation mit größter Weisheit und Sorgfalt von allen Beteiligten erwogen wird. Die Seele erreicht immer ihre Ziele. Die Komplexität der menschlichen Psyche mag schier unvorstellbar sein, die Weisheit der Seele übersteigt sie. Und so ist es, dass es keine ›Zufälle‹ gibt. Oft sind genau die Umstände, die aus irdischer Sicht als Hindernis auf dem Weg zum Ziel anmuten, eben genau diejenigen, die dessen Erreichen erst ermöglichten. Die Dinge sind nur selten das, was sie scheinen, und innerhalb der Dualität schon gar nicht.

Wir dürfen nicht vergessen, dass der Mensch beim Eintritt in die Welt der Materie kein unbeschriebenes Blatt ist. So wird ein Mensch zum Beispiel nicht zufällig als eher rebellischer oder aber als anpassungswilliger Zeitgenosse geboren, um nur einen Persönlichkeitsaspekt zu nennen. Bei der Planung der Inkarnation wird allen Gegebenheiten der Gesamtpersönlichkeit Rechnung getragen und das muss so sein, wenn die Inkarnation vom jeweils angestrebten Erfolg gekrönt sein soll. Und das ist sie immer. Der Mensch ist eine ›fertige‹ Persönlichkeit vom Augenblick seiner Geburt an und wird nicht erst geformt. Vielmehr ist es so, dass alles, was danach kommt, ihm dazu verhilft, seiner ureigenen Persönlichkeitsstruktur lebendigen Ausdruck zu verschaffen. Das Leben ist Dein Diener, nicht Dein Herr!

Nun, was hat dies alles mit dem Traum vom großen Glück zu tun? Es hat alles damit zu tun, denn das Glück liegt darin, es zu suchen. Wir möchten dies anhand einer bildlichen Darstellung verdeutlichen. Das Leben ist einem Strandspaziergang am Meer vergleichbar, bei dem Du allerlei Muschelzeug findest. Du findest also eine Muschel, sie ist schön, Du hebst sie auf und nimmst sie mit. Doch dann findest Du eine noch schönere, dann wieder eine noch schönere und in dieser Weise geht es weiter. Ihr alle seid Muschelsucher. Das

Glück, es liegt in der Suche als solche. Das Finden jedoch, ist Dir auf ewig von Deinem himmlischen Vater selbst garantiert, denn Er legte Dir nicht nur den unwiderstehlichen Drang zur Suche ins Herz, Er schuf auch die Muschel!

»Die Menschen suchen ihr Glück, ohne zu wissen, auf welche Art sie es finden können: Wie Betrunkene ihr Haus suchen, im unklaren Bewusstsein, eins zu haben.«
Voltaire

Der Traum von der großen Freiheit

Meine liebe Freundin, mein lieber Freund, kaum eine Sehnsucht entlockt dem Menschen so tiefe Seufzer wie der Traum von der großen Freiheit. Der Mensch sehnt sich nach Freiheit: räumlich, zeitlich und vor allem innerlich. Wenn wir von Freiheit reden, dann kommen Euch naturgemäß alle möglichen Zwänge in den Sinn, denen Ihr Euch hilflos ausgeliefert fühlt. Da ist das Kind, das pünktlich des Morgens zur Schule muss. Da ist der Aktenstapel, den Dein Vorgesetzter am Mittag auf seinem Schreibtisch haben will, und da ist die fordernde Ehefrau, die einen Blumenstrauß zum Hochzeitstag erwartet. Und immer sitzt Dir die Zeit im Nacken.

Wohin immer auch Du Dich wenden magst, allerorten siehst Du nichts als Erwartungen, Forderungen und Zwänge. Und mitunter überkommt Dich ein Gefühl bitterer Resignation, dass Du vom Leben sehr viel mehr gelebt wirst, als dass Du es lebst. Nein, mit Deiner Vorstellung von Freiheit hat das alles nicht mehr viel zu tun. Doch was ist die so schmerzlich vermisste Freiheit? Was macht sie aus?

Wenn wir von Freiheit reden, dann sprechen wir in erster Linie von Deiner inneren Freiheit, denn sie ist der Dreh- und Angelpunkt jeder möglichen Veränderung im Außen. Innere Freiheit ist unantastbar, denn sie ist die Freiheit der Selbstdefinition.

Erneut nehmen wir ein Beispiel zu Hilfe: In dem Maße, in dem Du Dich als liebender und fürsorglicher Elternteil definierst, wird die Verantwortung für Deine Kinder kaum Gefühle von Enge und Zwang hervorrufen. Hier sehen wir ganz deutlich und in aller Klarheit, dass Freiheit sehr viel mit Liebe zu tun hat und direkt an sie gekoppelt ist. Was immer Du liebst, das nimmt Dich niemals gefangen. In der Liebe gibt es keinen Kerker von Enge, Zwang und Druck. Für die Liebe gibt es kein Muss, denn Liebe opfert nicht, Liebe schenkt. Liebe beschenkt sowohl sich selbst als auch den anderen.

Der Traum von der großen Freiheit kann sich also immer nur vom Inneren ausgehend verwirklichen, denn hier hat er seine Wurzeln. Im Klartext und kurz gesagt: Du bist immer nur so weit frei, wie Du liebst. Alles andere ist Illusion. Die Notwendigkeiten des täglichen irdischen Lebens fordern ihren Tribut und so scheint der Traum von der ganz großen Freiheit in unerreichbarer Ferne. Die Verstrickungen in die Zwänge und Forderungen des menschlichen Lebensalltags sitzen tief und so scheint die Lage wenig beglückend und recht aussichtslos, wenn – ja, wenn da nicht die Liebe wäre. Da und dort, wo Du liebst, bist Du grenzenlos frei.

Dies vermag nur die Bindung an die Liebe. Dein himmlischer Vater legt Dir niemals eine Sehnsucht ins Herz, um sie dann unerfüllt zu lassen. Wir erinnern uns an unsere Muschelsuche von vorhin. Gott ist kein grausamer Sadist und so ist Dir die Erfüllung Deiner Sehnsucht auf ewig gesichert. Nur im Herzen bist Du frei, dort bist Du es aber vollkommen und auf unantastbare Weise. Liebe befreit!

Wir dürfen niemals aus den Augen verlieren, dass diese Welt eine Plattform des dualen Erlebens ist. Du erlebst also, was Unfreiheit und somit Gefangenschaft bedeutet. Du erlebst, erfährst, erleidest und erduldest sie. Und oftmals bist auch Du es selbst, der sie Dir auferlegt. Viele unter Euch sind so tief in die Zwänge des Lebens verstrickt, dass es ihnen suspekt und bedrohlich erscheint, wenn sie ›ich muss‹ durch ›ich will‹ ersetzen. Die Freude an der Freiheit der Selbstverantwortlichkeit ist ihnen abhandengekommen. Wir wollen nicht vergessen, dass nur derjenige ermessen und wissen kann, was Freiheit ist, der auch die Gefangenschaft kennt.

Da und dort, wo Du liebst, bist Du grenzenlos frei. Der Traum von der großen Freiheit ist eine direkte Rückerinnerung an Deinen natürlichen, gottgegebenen Seinszustand, der Dein unbedingtes Geburtsrecht ist. Nur das macht Dein Sehnen nach Freiheit so unwiderstehlich. Je tiefer Du Dich selbst liebst, desto weniger wirst Du Dich äußeren Zwängen fügen und unterordnen müssen, denn umso weniger wirst Du diese Forderungen als solche empfinden. Auch das Sosein des Mitmenschen ist immer nur dann bedrückend und hemmend für Dich, wenn es Dir an Liebe mangelt. Liebe ist das Tor zur Freiheit, es steht Dir jederzeit offen und so steht es Dir ebenfalls völlig frei, ob und wann Du es durchschreiten willst. Liebe lässt frei, weil Liebe Freiheit ist. Es gibt keine andere.

»Bindung und Freiheit sind sich in der Liebe
kein Feind. Denn Liebe ist die größte Freiheit
und doch die größte Bindung.«
Buddhistische Weisheit

Der Traum von der großen Liebe

Mein lieber Freund, meine liebe Freundin, kein Mensch geht auf Erden, der sich nicht nach Liebe sehnt. Das tiefe Bedürfnis nach einer erfüllten, befriedigenden, glücklichen Partnerschaft ist Euch zutiefst ins Herz gelegt und so scheut der Mensch in aller Regel auch keine Mühen, diese zu finden. Wir sprachen davon in Band I unserer Botschaften. Wie von einer unsichtbaren Kraft getrieben, ist der Mensch auf der Suche nach dem, der den Hunger seiner Seele zu stillen vermag, und dieser Drang scheint ihm oftmals unstillbar.

Die Sehnsucht, zu lieben und geliebt zu werden, entspringt dem tiefsten Urinstinkt des Menschen. Kein Bedürfnis kommt diesem gleich. Die Seele hungert allzeit nach Liebe. Da sie selbst aus der Essenz der Liebe geboren ist, kann sie sich nur in und durch die Liebe erkennen. Diese tiefste aller menschlichen Sehnsüchte ist letztlich der größte aller Beweise für die ewige, allgegenwärtige Präsenz Gottes. Und so, wie das Göttliche sich ausschließlich in der Liebe wiederfindet und erkennt, so ist es auch mit Dir.

So zieht der Mensch also durch sein Leben und sucht mehr oder weniger verzweifelt nach dem einen Menschen, der ihm ein Gefühl von Vollständigkeit schenken kann. Der Mensch will ›ankommen‹, sein aufgewühltes, rastloses Herz will zur Ruhe kommen und sich heimisch fühlen dürfen in der Gegenwart eines geliebten Partners. Ihr sucht also alle nach demjenigen, der Euch vervollständigt. So empfindet Ihr es und ja, so ist es. Ihr strebt und hofft, diese ganz große Liebe zu finden. Ihr sucht den einen Menschen, der Euch zu ergänzen in der Lage ist, denn Ihr fühlt zutiefst, dass es Euch ohne ihn an Ganzheit fehlt. Doch warum hat Gott Euch diese schmerzlich ziehende Sehnsucht so tief ins Herz gelegt?

Würde ein liebender Schöpfer eine solch tiefe Sehnsucht speisen, wenn Er sie nicht erfüllen wollte? Nun, Ihr Lieben, wir sagen Euch: Hört auf zu suchen! Ihr könnt Euch getrost entspannen und Eurer frustrierenden Suche ein Ende machen. Ihr müsst diesen besonderen Menschen nicht suchen – niemand muss das –, denn Ihr werdet ihn erkennen, wenn er da ist. Ihr werdet ihn mit unfehlbarer Gewissheit erkennen. Doch wie kannst Du Dir dessen sicher sein? Woran erkennst Du ihn? So oft schon hast Du gesucht, gebangt, und gehofft: umsonst!

Du erkennst ihn, wenn er da ist. Du erkennst ihn an der Liebe, die gekennzeichnet ist von völliger, von absoluter Bedingungslosigkeit. Das ist das Kennzeichen von Seelenpartnerschaft und es ist das einzige. Was kann es mehr geben? Was kann es mehr brauchen? Was kann es Größeres und Schöneres geben? Was, wenn nicht wahre Liebe, könnte Seelenpartnerschaft kennzeichnen und zu dem Besonderen machen, das sie ist? Diese Liebe, es gibt sie! Natürlich gibt es sie, denn Gott selbst verbürgt sich dafür.

Je tiefer Du auf die Weisheit der Seele und damit auf das Göttliche vertrauen kannst, desto gewisser wirst Du Dir sein und umso ruhiger wird Dein gemartertes Herz. Im Vertrauen auf die Weisheit Deiner Seele kannst Du zu innerem Frieden gelangen und zur Ruhe kommen, unabhängig davon, ob Dein Seelenpartner bei Dir ist oder auch nicht. Was Gott verbunden hat, das ist mit Liebe gebunden. Was Gott verbunden hat, das kann der Mensch nicht trennen und so kann es niemals wirklich Trennung zwischen zwei sich liebenden Seelen geben. Nicht in dieser Dimension und in keiner anderen. Wir wissen, dass Liebe keine Grenzen kennt. Sie ist absolut unaufhaltsam in ihrer Macht und Kraft, die jenseits des Beschreibbaren liegt.

»Das große Glück in der Liebe besteht darin,
Ruhe in einem anderen Herzen zu finden.«
Julie de Lespinasse

13. Teil

In Deinem Interesse

Der menschliche Makel

Meine liebe Freundin, mein lieber Freund, der Mensch lässt es sich an Selbstliebe mangeln, nicht selten in geradezu gravierender Manier. Das Ausmaß der Selbstverachtung ist mitunter verheerend. Diese Welt hat die tiefe Heiligkeit und gottgegebene Unschuld des Menschen nicht verstanden. Sie weiß nichts von diesen Dingen und so ist denn auch die Welt, wie Ihr sie seht und erlebt, in dem Zustand, in dem sie eben ist.

Der Mensch verweigert sich selbst die Anerkennung, Liebe und Würdigung seines einzigartigen Soseins. Und so gibt es viele unter Euch, die sich selbst noch nicht einmal mögen, geschweige denn lieben. Einer illusionären Vorstellung von Vollkommenheit nacheifernd, sieht der Mensch nur noch die Grenzen seines Könnens und Wollens.

Wie wir bereits in unseren vorangehenden Botschaften erörterten, kann es sich bei diesem fiktiven Bild von Vollkommenheit nur um einen Trugschluss handeln, um einen fatalen Irrtum. In Verkennung der wirklichen Zusammenhänge irdisch-menschlichen Daseins wurde ein Mythos geboren, der Euch in keinem Fall zu Nutzen und Wohlergehen gereichen kann. Vollkommenheit ist ein zutiefst göttliches Konzept, das innerhalb der Dualität jeglicher Sinnhaftigkeit entbehrt und entbehren muss.

Doch der Mensch ist nicht perfekt und so kann es das von ihm gelebte Leben ebenso wenig sein. Wenn wir an anderer Stelle das genaue Gegenteil behaupten, so ist dies keinesfalls ein Widerspruch. Vielmehr ist es eine Frage der Ebene, von welcher aus Ihr die Dinge betrachtet. Wenn Dein himmlischer Vater Dich ansieht, so kann Er ewig nur Vollkommenheit – und nichts als Vollkommenheit – erblicken. Und Er ist über jegliche Art der Täuschung erhaben, weiß Er doch, was Er schuf. Gott kann nichts als Vollkommenheit erblicken, da Er allzeit mit vollkommener Liebe auf seine Geschöpfe sieht. Wie wir wissen, ist Liebe die Wahrnehmung von Vollkommenheit und so ist sie die einzig wirkliche und korrekte Art des Sehens und der Wahrnehmung.

Gott sieht also Vollkommenheit in Dir, weil Er Dich mit Liebe anschaut. Du tust das nicht und weil dem so ist, ist es Dir denn auch unmöglich, die Dir innewohnende Vollkommenheit zu erkennen. Menschen sehen sich selbst nicht mit Liebe an. In aller Regel stellt Ihr allerlei mehr oder weniger unbewusste Forderungen an Euch selbst. Da die Erfüllung dieser Forderungen nicht im Bereich des Möglichen liegt, seid Ihr denn auch meist sehr schnell mit Anklage, Bezichtigung und Vorwurf bei der Hand. Ihr glaubt, etwas sein oder werden zu müssen, dass Ihr nicht seid. So treibt das menschliche Ego ungebremst und ungehindert sein grausames Spiel und lässt Euch kaum je zur Ruhe kommen. »Ich müsste, ich sollte, ich darf nicht …« Das ist das nie verstummende Credo des Ego.

Du bewertest Dich selbst ohne Unterlass und nur selten schneidest Du gut dabei ab. Dies liegt in der Natur der Sache selbst, denn so wie Du glaubst, dass eine Bewertung Deiner Person angemessen und legitim sei, ist Dein Urteil bereits gesprochen. Dein Schöpfer bewertet Dich nicht, Dein Schöpfer liebt Dich! Liebe aber ist jenseits von jeglicher Bewertung. Ganz einfach ausgedrückt: Liebe tut nichts als lieben.

Und so führt sich letztlich sogar die Diskussion darüber, ob der Mensch den nun vollkommen sei oder nicht, selbst ad absurdum, beinhaltet die Fragestellung als solche schließlich bereits ein Werturteil. Liebe ist jenseits dessen, sie geht weit darüber hinaus. Wenn Du mit Strenge und Härte gegen Dich selbst zu Felde ziehst, dann solltest Du Dir im Klaren darüber sein, dass Du Dich irren musst, denn Gott allein weiß, wen und was Er schuf, als Er Dir Leben von seinem Leben einhauchte. Gott urteilt nicht, Gott liebt. Immer da und dort, wo Du es Deinem himmlischen Vater gleichtust, dankt es Dir Deine Seele mit tiefer Gelassenheit und überschäumender Glückseligkeit.

»Für die Liebe gibt es keinen Makel,
keine Erniedrigung und keine Schande.
Sie ist ein solches Licht, das alles erhellt,
eine solche Wärme, die jedes Eis erhitzt,
und eine solche Süßigkeit,
die jede Bitternis benimmt.«
Henry Fielding

Das Gute, das Du Dir getan

Mein lieber Freund, meine liebe Freundin, schließen wir nun an unsere vorherigen Ausführungen an, so wollen wir Dich zu weiterführenden Nachdenklichkeiten zu Deinem Umgang mit Dir selbst ermutigen. Was bleibt, wenn Du Dich selbst nicht bewertest und somit auch nicht mehr verurteilst? Was bleibt übrig von Dir? Wer bist Du und was gibt es für Dich zu tun?

Wenn Du Dich selbst nicht bewertest, bleibt nur noch pures, reines, unverfälschtes Sein. Dann – und nur dann – bist Du also ganz Du selbst. Der Mensch, der sich selbst nicht beurteilt und somit auch nicht verurteilt, ist immer in seiner inneren Mitte und lebt ganz von innen heraus. Hier kann die Seele atmen und das Gemüt sich erholen. Solange der Mensch sich bewertet, ist er eine zwiegespaltene Persönlichkeit. Er ist in schmerzlicher Weise gespalten zwischen dem, der er doch ist und dem Persönlichkeitsanteil, der sozusagen aus ihm hervortritt, ihn von außen beobachtet und ihn bewertet. Spaltung ist immer und ausnahmslos schmerzhaft, weil unnatürlich. Spaltung entfremdet Dich von Dir selbst. Wo Gott ist, da ist Liebe, und wo Liebe ist, da sind immer Einheit und Verschmelzung.

Einen größeren und heiligeren Liebesdienst, als Dich selbst jeder Selbstbewertung zu entziehen und zu enthalten, kannst Du Dir gar nicht erweisen. Der Lockruf des Ego mag wahrlich verführerisch sein, je mehr Du Dich selbst liebst und respektierst, desto leichter wirst Du ihm widerstehen können. Immer da und dort, wo Du glaubst irgendetwas tun zu müssen, um ein ›besserer‹ Mensch zu werden, erweist Du Dir einen Bärendienst, denn dann meißelst Du Deinen Glauben an Deine eigene Unzulänglichkeit in Stein. Die Anstiftung des Ego ist immer verlockend und muss es sein, würde sie doch sonst ihren heiligen Sinn und Zweck verfehlen. Wir dürfen nicht vergessen, dass es im Leben um Selbsterkenntnis geht. Der Mensch will wählen können zwischen Selbstverrat und Selbstliebe. Der Mensch inkarniert, um die Versuchung zu überwinden. Dies tut er, indem er ihr widersteht.

In Band II unserer Botschaften haben wir die Welt als Verbündeten der Angst und damit als Helfer des Ego bezeichnet und wahrlich, das ist sie. Allzeit säuselt sie Dir ein Lied von der Verderbtheit des Menschen und damit auch von Deiner eigenen ins Ohr. Es wirkt wie ein schleichendes Gift, das tropfenweise verabreicht wird. Nun, der Mensch weiß, was er tut und worauf er sich einlässt, wenn er inkarniert. Er weiß es nur allzu gut! Menschen wollen die Dualität erfahren, weil sie sie überwinden wollen. Das ist ihr heiliger Sinn und Zweck und größere Liebe kann es kaum geben.

Und so steht es Dir letztlich völlig frei, wem Du Gehör und somit Dein Vertrauen schenken willst. Wo das Ego sagt: »Ändere Dich!«, da sagt das Göttliche allezeit: »Liebe Dich – liebe Dich, so wie ich Dich liebe!« Und so wiederholen wir es gerne: Wer sich selbst liebt, der gibt Gott recht. Mehr des Guten kannst Du niemals tun, für Dich, für all Deine Mitmenschen und für die ganze Welt.

Schall und Rauch

Meine liebe Freundin, mein lieber Freund, viele spirituelle Schulen bezeichnen und erklären das irdische Leben wie eine Art eingebildete Projektionsfläche für Illusionen aller Art und verbannen sie somit ins Reich des Unwirklichen. Und ja, die in dieser dualen Welt unausweichliche Trennungswahrnehmung vom Schöpfer kann nur Illusion sein. Dennoch ist das Leben mehr, sehr viel mehr als eine Art göttliche Farce. Das Leben treibt kein perfides Spiel mit der menschlichen Wahrnehmung.

In erster Linie ist das Leben als solches Selbstzweck. Du lebst um des Lebens willen. Wem das nicht genug ist, der ist völlig blind für dessen Potenziale und Möglichkeiten wie auch für sich selbst. Die Glückseligkeit, die dem Leben inhärent innewohnt, ist wahrhaft unermesslich. Bei alledem bleibt es Dir völlig frei überlassen, in welcher Weise Du das ›Abenteuer Leben‹ erkunden und erfahren möchtest. Letzten Endes büßt das Leben nicht das Geringste ein von seiner gottgegebenen Faszination für denjenigen, der offenen Herzens lebt. Alle Bemühungen, die Grandiosität des Lebens zu banalisieren, können und werden niemals fruchten.

Das Leben ist so viel mehr als Schall und Rauch und es mag wie eine banale Floskel klingen, wenn wir sagen, das Leben ist das, was Du daraus machst. Und doch ist dem so. Du kannst aus dem Vollen schöpfen, Du kannst Dich aber auch zufriedengeben mit den Krümeln, die unter den Tisch fallen. Dies obliegt ganz Deinem Selbstverständnis wie auch Deinem Verständnis vom Leben als solches. Was Du aus Deinem Leben machst, bleibt Dir überlassen, in dieser Welt wie auch in jeder anderen. Dein freier Wille ist ewig unantastbar.

In gleichem Maße, in dem Du offen und bereit bist für die Liebe, kann und wird sich Dir das Leben in der vollen Tragweite seiner Bedeutung erschließen. Wir wissen, dass die Begriffe Liebe, Leben und Gott ein und dasselbe bezeichnen. Liebe ist unermessliche Fülle und ergießt sich allezeit über denjenigen, der sie annehmen will. Liebe will in Anspruch genommen sein. Liebe will sich hingeben.

Wenn der Mensch sich der Liebe und somit seiner eigenen Seele verschließt, dann mag das Leben ihm in der Tat mitunter anmuten wie ein perfides Spiel mit seinen Ängsten und Nöten. Ein unerträgliches Gefühl schaler Sinnlosigkeit bemächtigt sich des Menschen, der die Liebe ignoriert. Tragischer und freudloser kann ein Leben kaum sein. Um es in den treffenden Worten des Dietrich Bonhoeffer zu sagen: »Da, wo Liebe ist, ist der Sinn des Lebens erfüllt.«

Wir möchten Euch an dieser Stelle auf die unbestreitbare Tatsache aufmerksam machen, dass der Mensch den Sinn des Lebens immer nur so lange hinterfragt und sucht, bis er den Weg zur Liebe gefunden hat. Jeder Mensch, der mit wahrer Liebe in Berührung gekommen ist, hat den Sinn des Lebens für sich gefunden – mehr noch, er hat ihn erkannt. Für einen wahrhaft liebenden Menschen stellt sich diese Frage nie. Hier haben alles Suchen und jeder Zweifel ein jähes Ende. Immer und ausnahmslos. Der Ruf Gottes ist ewig so unüberhörbar wie unwiderstehlich.

Alles oder nichts

Mein lieber Freund, meine liebe Freundin, der Mensch schwankt im Laufe seines Lebens ständig hin und her, immer aufgerieben zwischen allem und nichts. Manchmal, wenn es Dir gut geht und Du glücklich bist, fühlst Du Dich vom Leben reich beschenkt und alles ist gut. An anderen, weniger erfreulichen Tagen scheint nichts zu gelingen und Du fühlst Dich abgemahnt und betrogen.

Die Höhen und Tiefen des täglichen Daseins fordern Dir allerhand ab und so ist ein kontinuierliches und beständiges Lebensgefühl kaum zu finden. Auch das ist Dualität: ein aufreibendes Wechselspiel der Kräfte und somit ein dauerndes Wechselbad der Gefühle. Dies ist erst einmal sehr anstrengend und so ist der Mensch denn auch ständig auf der Suche nach einer dauerhaft aufbauenden Gemütsverfassung. Doch so sehr der Mensch sich auch um ein positives Lebensgefühl bemüht, spätestens beim nächsten Steuerbescheid ist es wieder dahin. *(Anm. der Verfasserin: Scherzhaft gesagt.)*

Die Gemütswaage menschlicher Emotionen steht niemals still und so unterliegt auch die Einstellung des Menschen zu seinem Leben ständigen Schwankungen. So manchem unter Euch ist die positive und wohlwollende Grundhaltung dem Leben gegenüber abhandengekommen. Dies geschieht immer dann, wenn der Mensch den ungetrübten Blick für das Wesentliche verliert, denn dann belastet und entkräftet er sich. Da und dort, wo Ihr Euch in Eurem Lebenstrubel und in Eurer Alltagsgeschäftigkeit verliert, überfordert Ihr Euch. Ihr überfordert Euch in einem sehr realen und direkten Sinne, denn Ihr gesteht Euch zu wenig Leben zu. Liebe ist die Nahrung der Seele und Ihr alle – ein Jeder unter Euch – leidet an Unterernährung.

Nur Liebe ist Leben und Leben ist Liebe. Wenn Ihr das Glück woanders sucht, als in der Liebe, dann schwächt und erschöpft Ihr Euch. Wer sein Glück anderswo zu finden glaubt, der verliert sich im Nichts des Lebens, denn seine Suche bleibt so zermürbend und frustrierend wie erfolglos. Das ganze Dasein muss ihm schließlich wie ein billiger Abklatsch dessen anmuten, was das Leben sein könnte. Ein Leben ohne Liebe ist mit einer schlechten Fälschung vergleichbar, die in ihrer Qualität niemals an die Genialität des Originals heranreichen kann.

Der Mensch, der sich aufreibt zwischen dem Alles oder Nichts des Lebens, macht also die Rechnung ohne den Wirt, wenn er die Liebe nicht einbindet. Ihr Stellenwert in jedes Menschen Leben ist unschätzbar. Die Liebe ist einzig entscheidend für sein Lebensgefühl und somit letztlich für seine gesamte Lebensqualität. Der Mensch ist aus der Liebe geboren und zur Liebe erkoren. Hier kann es keinen halbherzigen Mittelweg geben. Wenn es um Liebe geht, dann geht es in der Tat um alles oder nichts.

Liebe ist alles. Sie ist unendlich mehr als ein erfreuliches Nebenprodukt des Lebens, mehr als ein notdürftiges Trostpflästerchen oder eine flüchtige Laune der Natur. Liebe ist die Uressenz alles Geschaffenen. Liebe ist der Stoff, aus dem Gott Deine Seele dereinst webte. Ohne Liebe ist alles nichts und so wiederholen wir es denn gerne: Liebe ist alles!

14. Teil

Wenn die Zeiten stille steh'n

Zurück in die Vergangenheit

Meine liebe Freundin, mein lieber Freund, jeder Mensch kennt das Gefühl bitterer Reue. In Band VI unserer Botschaften war bereits davon die Rede. An dieser Stelle wollen wir unsere Anmerkungen zu diesem Thema nun um einen zusätzlichen Aspekt erweitern. Gedanklich reist Ihr sozusagen in die Vergangenheit und wünscht Euch, Ihr hättet dieses getan oder jenes unterlassen. Ihr stellt Euch vor, dass und in welcher Weise die Dinge in Eurem Leben dann andere Wendungen und einen anderen Verlauf genommen hätten. Das ist Reue und sie ist wahrlich bitter und schmerzlich.

Vor allem aber ist sie völlig nutzlos. Ihr könnt die Zeit nicht zurückdrehen und so könnt Ihr unmöglich abschätzen, welche Wege und Verläufe die Dinge genommen hätten. Da Ihr die Zeit nicht beherrscht, lässt die Reue Euch ratlos und mit einem Gefühl hilfloser Ohnmacht zurück. Bei näherer Betrachtung ist die Reue also ein völlig unkonstruktives und sogar zerstörerisches Konzept, denn sie stört Deinen Seelenfrieden im Hier und Jetzt.

Wir werden nimmer müde, Euch von der alles entscheidenden Bedeutung der Selbstliebe zu berichten, so auch an dieser Stelle. Wir sagten, dass Ihr die Zeit nicht beherrscht und dem ist so. Aber die Liebe beherrscht sie! In Band VI unserer Botschaften haben wir dies ausführlich erörtert.

Liebe steht über der Dualität, sie steigt einfach darüber hinweg. Liebe überwindet die Zeit und genau das tut Ihr, wenn Ihr liebt. Wenn Ihr Euch von Euren schalen Gefühlen der Reue verabschiedet, dann überwindet Ihr die Zeit. Liebe ist zeitübergreifend. Dies bedeutet, dass Ihr Euch nur dann liebt, wenn Ihr Euch jederzeit liebt. Dies scheint erst einmal selbstverständlich, doch bei näherer Betrachtung bedarf diese Tatsache der Erklärung.

Ihr lebt im Hier und Jetzt und in der Tat, es gibt keine andere Zeit als das ewige Jetzt. Der immerwährende Augenblick ist die einzige Echtzeit, die es geben kann, wenn man beim Konzept der Zeit denn überhaupt von ›echt‹ reden kann. Zeit ist eine Illusion der dualen Erfahrungsebene. Liebe ist Wirklichkeit und nur dieser Umstand versetzt die Liebe in die Lage, Zeit einfach zu ›ignorieren‹. Liebe ist zeitübergreifend. Du kannst nicht glaubhaft von Dir behaupten, Dich selbst im Hier und Jetzt zu lieben bei gleichzeitiger Ablehnung Deiner Vergangenheit. Liebe ist allumfassend. Reue ist sozusagen ›Selbstverachtung, die Du in die Vergangenheit verlagerst‹. Und Selbstverachtung ist eben keine Liebe. Selbstverachtung ist Selbstablehnung, da sie es an Achtung vor dem eigenen Sosein mangeln lässt.

Wenn Du Dich selbst liebst, dann siehst Du mit Verständnis, mit Achtung und Respekt auf Dich und Dein Leben. Dies impliziert ganz selbstverständlich Deine vermeintlichen ›Fehler‹ der Vergangenheit ebenso wie auch jene, die Du – mit unumstößlicher Gewissheit – in der Zukunft noch begehen wirst. *(Anm. der Verfasserin: Sehr scherzhaft gesagt und in besonderer Weise liebevoll.)* Liebe beherrscht die Zeit und nur Liebe vermag dies. In dem Maße, in dem Du

Dich selbst liebend annimmst, bewegst Du Dich außerhalb der Zeit.

Die tiefe Aussöhnung mit Deiner Vergangenheit beschert Dir eine glückliche Gegenwart und lässt eine ebenso glückliche Zukunft entstehen. Wie gesagt: Liebe ist zeitübergreifend.

»Der Funke der Liebe
wohnt über der Zeit.«
Ida Hahn-Hahn

Komme, was da wolle

Mein lieber Freund, meine liebe Freundin, Leben geschieht jetzt. Eine andere Zeit gibt es nicht. Innerhalb dieses ewigen Jetzt begibt sich der Mensch ständig auf Wanderschaft. Ihr reist gedanklich durch die illusionäre Zeit. Wenn wir – wie vorhin geschehen – von Reue sprechen, dann geht der Mensch auf eine emotionale Wanderung in seine Vergangenheit zurück. Dennoch wird die jeweils ausgelöste Emotion im Jetzt wahrgenommen und verspürt.

Ihr tut das Gleiche, wenn Ihr an die Zukunft denkt, eine Zukunft, die es so nicht gibt, denn Wirklichkeit ist sie erst dann, wenn sie im Jetzt angekommen ist. Ihr sorgt Euch um Eure Zukunft und um die Dinge, die da kommen mögen. Die Sorge als solche verspürt Ihr im Jetzt. Nicht anders ist es mit der Vorfreude auf zukünftige Ereignisse. Das Ereignis ist noch nicht eingetreten, Eure Freude darauf ist jedoch sehr real und Ihr könnt sie deutlich fühlen. Ihr lebt also immer im Hier und Jetzt, denn einen anderen Ort und eine andere Zeit kann es nicht geben.

Die Gegenwart ist also der einzige Punkt in Deinem Leben, von dem ausgehend Du agieren und Handlungsspielraum haben kannst. Nur an diesem Punkt hast Du Macht, denn einen anderen gibt es nicht. Das unermüdliche Streben des Menschen nach Sicherheit in einem Leben voller Unwägbarkeiten ist so legitim wie nachvollziehbar. Und so projiziert Ihr Eure Ängste, Befürchtungen und all Eure Besorgnis in die Zukunft, immer in der Hoffnung, dass sie so niemals eintreten möge. Dabei überseht Ihr nur allzu oft die Euch in der Gegenwart gegebene Macht. Ihr formt und gestaltet das, was Ihr Zukunft nennt, im Hier und Jetzt.

Ihr alle wünscht und ersehnt Euch eine erfüllende, beglückende und sorgenfreie Zukunft. Wie ist dies zu bewerkstelligen? Nun, Ihr könnt es gar nicht bewerkstelligen! Was Illusion ist, das kann unmöglich geformt und gestaltet werden. Illusion ist nicht wirklich. Wie also willst Du das Unwirkliche beeinflussen? Was Du jedoch sehr wohl beeinflussen kannst, ist Deine Gegenwart, denn hier bist und hier bleibst Du bis in alle Ewigkeit.

Selbstverständlich verstehen wir, was Euch bewegt, wenn Ihr Euch in Zukunftssorgen verliert. Und so wissen wir auch, wie wenig hilfreich Euch unsere Ausführungen zum Thema Zeit erscheinen mögen. Wenn wir dennoch darauf bestehen, sie zum wiederholten Male zu thematisieren, dann aus gutem Grunde. Es geht darum, Euer Bewusstsein zu schärfen und zu schulen und Euch zu öffnen für Veränderungen zum Positiven. Ein Problem kann eben nur dort gelöst werden, wo es ist, und Zukunftssorgen sind nun einmal ein Gegenwartsproblem.

Kommen wir also erneut zu Eurer so drängenden Frage: »Wie kann ich für die Zukunft vorsorgen?« Dies tut Ihr, indem Ihr Euch keine Sorgen macht. Ihr tut es, indem Ihr Eure Ängste und Befürchtungen loslasst. Ihr tut es, indem Ihr Euch in unerschütterliches Gottvertrauen fallen lasst. Das ist Zukunftsvorsorge vom Feinsten! Das ist Zukunftsvorsorge, wie sie kein Bankkonto, keine Lebensversicherung und keine Vorsorgeuntersuchung je leisten kann. Wir sagen hier sicherlich nicht, dass Ihr all diese Dinge unterlassen sollt. Wir sagen Euch lediglich, dass es ohne Gott keine

Zukunft gibt und geben kann, weil es ohne ihn keine Gegenwart gibt. Welche Maßnahmen Ihr immer auch für notwendig erachtet und ergreifen wollt, tut es im tiefen Vertrauen auf Gottes weise Führung. Liebe ist ein unfehlbarer Ratgeber, der einzige, den es geben kann. Derlei vortrefflich gewappnet, gehst Du allzeit festen, sicheren Schrittes in eine verheißungsvolle Zukunft. Komme, was da wolle …

»Sorgt immer für den Augenblick und
Gott lasst für die Zukunft sorgen.«
Christoph Martin Wieland

15. Teil

Der Exitus der Angst

Wenn möglich, bitte wenden!

Meine liebe Freundin, mein lieber Freund, verläuft Dein Leben nach Deinen Wünschen und Vorstellungen? Nehmen die Dinge den Lauf, den Du Dir vom Leben erhoffst, erwartest und erwünschst? Sind Deine Tage und Jahre erfüllt von Freude am Dasein? Macht Dein Leben, so, wie es sich Dir darstellt, Deine Seele satt?

Würdest Du heute noch vor Deinen Schöpfer treten, könntest Du ihm besten Gewissens sagen, dass Dein Leben ein gutes und erfülltes war? Oder liegst Du des Abends still in Deinem Bett und stellst Dir die bange Frage, ob das schon alles gewesen sei? Wenn dem so ist, dann fragst Du Dich mit Sicherheit, was es denn braucht, um Dir dieses tiefe innere Gefühl völliger Zufriedenheit und wohliger Genugtuung zu geben. Vielleicht hast Du irgendwie das unterschwellige Gefühl, dass das Leben Dir noch ein Happy End schuldet. Dennoch weißt Du nicht, wie das denn konkret auszusehen habe.

Der Mensch erhofft und erwartet naturgemäß sehr viel vom Leben und dies – wir sagen es in aller Deutlichkeit – völlig zu Recht. Viele unter Euch sind vom Leben frustriert und zutiefst enttäuscht. Ihr habt irgendwie das unterschwellige Gefühl, etwas Wesentliches verpasst zu haben und am Leben vorbeizuleben. Diese Welt beantwortet solch bitteren Gefühle zumeist mit der verständnislosen und vorwurfsvollen Aufforderung, seine Ansprüche zu überdenken, sich mit weniger zufriedenzugeben und doch dankbar zu sein für das, was man hat.

Aufforderungen dieser Art, so wohlgemeint sie auch sein mögen, sind wenig hilfreich – ganz im Gegenteil –, denn nun wirst Du Dich noch schlechter fühlen. Solche Aussagen bezeugen die eigene Resignation dessen, der sie verteidigt, und gehen völlig an der Wirklichkeit der Dinge vorbei. Vor allem aber führt Verleugnung niemals zum Ziel. Deine Gefühle verschwinden nicht einfach so, getreu dem Motto, dass nicht sein kann, was nicht sein darf. Alles, was ist, hat seine Berechtigung, so auch jede Gemütsregung.

Glück ist das Geburtsrecht jedes Menschen. Wenn Dich also das untrügliche Gefühl beschleicht, dass da in Deinem Leben etwas nicht stimmt, dann ist das auch so! Du darfst und solltest allzeit getrost Deiner eigenen Wahrnehmung vertrauen, denn niemand lebt Dein Leben an Deiner Statt. Mit dem Glück verhält es sich wie mit der Liebe, denn beide sind zutiefst miteinander verwoben, ja, mehr noch, sie sind zwingend voneinander abhängig und bedingen sich gegenseitig. Was sich nicht wie Liebe anfühlt, das ist auch keine: Mit dem Glück verhält es sich ebenso. Wenn Du glücklich bist, dann weißt Du es! Es gibt keinen Ersatz für Glück.

Wir reden hier ganz gewiss nicht von einem Leben ›auf Wolke 7‹. Hier geht es nicht darum, mit der viel beschworenen rosaroten Brille durchs Leben zu gehen. Es geht nicht um Schönfärberei oder Selbstbetrug. In einer dualen Welt kann nicht nur eitel Sonnenschein herrschen, denn wie könntest Du Dich seiner erfreuen, wenn Du nicht auch Regentage kenntest? Uns geht es vielmehr um Dein grundlegendes, vorherrschendes Lebensgefühl, das zutiefst von Glück und lebensbejahender Freude geprägt sein sollte. So, wie Du alles Glück der Welt verdienst, so verdient das Leben als solches Deine vorbehaltlose Bejahung und Deine freudige Akzeptanz, denn dazu ist es gegeben. Das Leben will bejaht und lustvoll ergriffen werden. In gleichem Maße, in dem Du dies tust, sind auch echter Dankbarkeit Tür und Tor geöffnet.

Nun magst Du Dich fragen, wie dieses hehre Ziel denn zu erreichen sei. Geh Deinem Problem nur getrost auf den Grund, eine andere Lösung als Liebe wirst Du vergeblich suchen. Eine andere Lösung wirst Du nicht finden, nicht in unseren Botschaften, nicht anderswo, nicht in dieser Welt und auch nicht in anderen Dimensionen: Es gibt keine andere! Liebe ist alles!

»Wenn jemand das Glück überall,
nur nicht in der Liebe sucht, sucht er
gleichsam im Finstern nach einem Weg.«
Leo Tolstoi

Meine Angst und ich

Mein lieber Freund, meine liebe Freundin, Angst ist natürlich. Sie ist irdische Erfahrungsrealität und ein jeder von Euch kennt sie besser, als ihm lieb sein kann. In Band II unserer Botschaften haben wir uns diesem Eckpfeiler irdisch-menschlicher Daseinsbedingungen ausführlich gewidmet. Dabei haben wir die Angst als solche als das enttarnt, was sie ist: eine aus der Trennungsillusion geborene Fehlwahrnehmung.

Angst ist das, was sich einstellt, wenn Du Dir der Allgegenwart der Liebe Gottes nicht gewahr bist. Angst ist also eine direkte und unausweichliche Folge der Dualität, der Ihr auf Erden unterworfen seid. Hier, im Lichte der Einheit, gibt es keine Angst und hier wäre sie vollkommen unmöglich.

Warum wiederholen wir uns und greifen dieses Thema an dieser Stelle erneut auf? Es geht uns darum, Eure Selbstwahrnehmung zu korrigieren, sie in Richtung der Liebe zu verschieben und damit Euer Identitätsgefüge zu festigen und letztlich zu heilen.

Wir wissen, dass Heilung immer nur in der Liebe gefunden werden kann, und nur durch sie kann Genesung geschehen. Hier sind Weg und Ziel ein und dasselbe. Liebe ist das, was Du bist. Angst jedoch nicht, denn Angst ist etwas, das Du hast. So geringfügig der Unterschied Dir erscheinen mag, er könnte grundsätzlicher und folgenschwerer nicht sein. Liebe ist die Essenz Deiner Seele und diese Seelenessenz ist Dir auf ewig gesichert. Wir erinnern an den *Kurs in Wundern*: »Nichts Wirkliches kann bedroht werden.« Angst jedoch, so real sie Dir auch erscheinen und so empfindlich sie Dich auch treffen mag, sie ist nichts als Illusion. Angst ist ein Irrtum über Dich selbst. Mehr ist sie nicht, mehr wird sie niemals sein können, denn was Illusion ist, entbehrt nun einmal jeder Wirklichkeit. Diese göttliche Tatsache ist die sichere Garantie dafür, dass Deine Angst vergehen wird. So illusionär wie das Wesen der Zeit als solches, so ist es auch die Angst. Sie wird vergehen! Sie wird von und mit der Zeit dahingerafft, so, wie jede Illusion sich schließlich selbst zum Opfer fällt. Illusionen fallen einfach in sich selbst zusammen, so, wie die Wirklichkeit sich selbst durch ihr reines Sein aufrechterhält.

Angst ist also Illusion und Illusionen brauchen Nahrung, um sich selbst vermeintliches Leben einzuflößen. Mit anderen Worten: Angst braucht Argumente, sie braucht Gründe. Es mag viele Gründe für Angst geben, eine Ursache hat sie nicht und wird sie niemals haben. Die Wirklichkeit jedoch, sie ist jenseits jeglicher Argumentation. Liebe – und nichts als Liebe – ist Wirklichkeit. Und Liebe braucht keine Gründe, denn sie basiert auf Ursachen. Das göttliche Schöpfungsprinzip, das Prinzip des Lebens selbst, ist Liebe.

Das, was Ihr Angst nennt – wir nennen es Ego –, ist also nichts, was Du bist. Es ist kein integraler, gültiger Aspekt Deines Seins. Du irrst Dich, wenn Du glaubst, der Irrtum sei Teil von Dir. Gott schuf nur Wirkliches und nichts als Wirkliches. So Du also erneut dem Irrtum über Dich selbst anheimfällst, sollen diese Worte Dir zum Troste und zur Ermutigung gereichen. Fürchte Dich nicht! Fürchte Dich nicht vor der Angst, sie ist nichts als eine Fata Morgana, ein vergängliches Trugbild. Angst ist eine Wahrnehmungstäuschung. Der *Kurs in Wundern* sagt dazu: »Nichts Unwirkliches existiert. Hierin liegt der Frieden Gottes«. So möge der Deine auch darin liegen.

»Die Liebe vernichtet alles Böse
und macht frei von Angst.«
Hildegard von Bingen

16. Teil

Lebenshilfen

Der rettende Engel

Meine liebe Freundin, mein lieber Freund, jeder unter Euch weiß von Situationen in seinem Leben zu berichten, in denen er sich in misslicher Lage befand. Ihr habt ein Problem, sucht den rettenden Ausgang und könnt zu keiner Lösung finden. Die Gedanken drehen sich im Kreise und es scheint keine Rettung in Sicht. In seiner verzweifelten Ratlosigkeit wendet sich der Mensch daher zumeist hilfesuchend nach außen, wo er dann zu seiner großen Verzweiflung – so glaubt er – auch nicht fündig zu werden scheint. Dabei nehmen das Leben und die Dinge gnadenlos ihren Lauf. Das Leben geht weiter.

Wir haben des Öfteren betont, dass der Mensch niemals alleine ist in seiner Not. Dem ist so. Und so gibt es auf der ganzen Welt nicht einen einzigen Menschen, dem die liebende geistige Welt nicht allzeit hilfreich zur Seite steht, darauf wartend, dass der Mensch die ihm angebotene Hilfe und Unterstützung in Anspruch nehmen möge.

Nun liegt es in der Natur des Menschen, dass er in aller Regel Hilfe dann am wenigsten annehmen kann, wenn er sie am dringendsten braucht. Zu groß ist die Angst, zu tief die Verzweiflung und das Gefühl der Verlassenheit. Und so überhört er, gelähmt von Angst, die Eingebungen und Ratschläge seiner geistigen Helfer, die doch allzeit verfügbar sind. In seiner Not ignoriert der Mensch also ihre intuitiven Impulse und bemüht sich geflissentlich, die Situation mit Argumenten seines Verstandes irgendwie doch noch in den Griff und unter seine Kontrolle zu bekommen.

Die Seele des Menschen steht immer und in ständigem Kontakt und Austausch mit der geistigen Welt. Ob und wann der Mensch bereit und gewillt ist, deren Hilfe für sich in Anspruch zu nehmen, ist eine reine Frage des Vertrauens. Je tiefer und grundsätzlicher das Vertrauen in die Allmacht der Liebe, desto offener wird der Mensch für die Impulse seiner geistigen Helfer sein.

Eine andere Weisheit als Liebe hat auch die geistige Welt nicht – wir wissen es –, denn mehr und größere Weisheit kann es niemals geben. Sie allein ist in der Lage, der rettenden Lösung für jedwedes Problem Tür und Tor zu öffnen. Liebe ist die Lösung, das Problem ist egal! Dies ist deshalb so, weil es kein anderes Problem als mangelnde Liebe geben kann. Wie diese jeweilige Lösung ganz konkret auszusehen habe, vermag nur die der Liebe innewohnende Weisheit zu erkennen, und eben genau hier liegt die große Herausforderung für den Menschen, wenn er sich mit einem Problem herumplagt.

Und so gibt es in jedes Menschen Leben angesichts jedes denkbaren Problems letztlich nur eine einzige Frage, die er sich stellen möge. Die Frage lautet: »Liebe, was gebietest du?«

Wie wir vormals sagten, hat Liebe viele Gesichter. Die geistige Welt weiß immer und unfehlbar, welches davon gerade vonnöten ist und gebraucht wird, um Dir und Deinem Wachstum in vollkommener Weise zu dienen. Allzeit steht sie Dir hilfreich zur Seite. Wo, wenn nicht hier, in der Welt des dualen Erlebens, brauchst Du sie denn am meisten?

Wir sagten des Öfteren, dass Angst die Sinne täuscht. Sie trübt die klare Wahrnehmung und verzerrt sie. Angst macht eigensinnig, sie verschließt das kummervolle Herz und lähmt die innere Beweglichkeit. Die Frage ist also nicht, ob die geistige Welt Deinen Hilferuf beantwortet – das tut sie immer –, sondern vielmehr, ob Du bereit und offen bist, die Antwort zu vernehmen. Und hast Du sie vernommen, hast Du sie erspürt und weißt Du also nunmehr, was zu tun ist, dann stellt sich des Weiteren die Frage, inwieweit Du zu vertrauen und anzunehmen gewillt bist. Wir wissen, dass Dein Wille ewig unantastbar ist. Und das ist gut so!

»Eine Seele ist nie ohne Geleit der Engel,
wissen doch diese erleuchteten Geister,
dass unsere Seele mehr Wert hat.«
Bernhard von Clairvaux

Die helfende Hand

Mein lieber Freund, meine liebe Freundin, mit jedem Menschen, der Dir auf Deinem Lebensweg begegnet, macht Dir das Leben ein Angebot. Es ist ein Angebot, das Du nicht ausschlagen kannst, denn es ist eine Einladung zur Selbsterkenntnis. Es ist eine Einladung, wie sie nur einmal so, auf diesem Wege, und nie wieder erfolgt, denn Ihr seid der Zeit unterworfen und damit hochspezifischen Lebensbedingungen. Zeit ist eine linear angeordnete Abfolge von Chancen und Gelegenheiten zur Selbsterkenntnis.

Damit sagen wir sicherlich nicht, dass eine einmal verpasste Liebeschance nie wiederkommt, vielmehr sagen wir, dass sie so, in dieser Weise und unter diesen ganz besonderen Umständen, einmalig ist und nicht wiederkehrt. Gelegenheiten und Chancen wird es ewig geben und immer sind sie den Anforderungen des jeweiligen Augenblicks in vollkommener Weise angepasst.

Wir wollen an dieser Stelle lediglich Euren Blick schärfen für die Heiligkeit des Augenblicks, denn es gibt nichts anderes. Nur im Jetzt kannst Du lieben. Wir wollen mit diesen Äußerungen keinesfalls Druck oder Beklemmung hervorrufen. Liebeschancen wird es ewig geben, wir betonen es in aller Deutlichkeit. Hast Du eine verpasst, dann steht die nächste schon vor Deiner Tür. Vielmehr geht es hier um den Zeitfaktor, dem Ihr unter irdischen Bedingungen unterworfen seid.

Wenn Dir nun ein Mensch begegnet – er mag ein Freund sein oder auch ein Feind – immer begegnet Dir eine helfende Hand, die sich Dir entgegenstreckt. Jede Begegnung, so gewichtig oder flüchtig sie Dir auch scheinen mag in ihrer Bedeutung, hat Dir etwas zu sagen. Dies ist die Spiegelfunktion der Außenwelt, von der bereits in Band I unserer Botschaften die Rede war. Menschen begegnen einander niemals ›zufällig‹. Die helfende Hand kann sich Dir in dem Maße reichen, in dem Du bereit bist, sie zu ergreifen. Dies bedarf der Ausführung. Je offener und vorurteilsloser Du auf Dich selbst blickst und Dich erforschst, desto offener bist Du auch für die der jeweiligen Begegnung innewohnende Botschaft.

Wir verdeutlichen Dir dies anhand eines konkreten Beispiels: Du triffst einen Menschen, den Du nicht magst. Vielleicht fragst Du Dich, warum Du ihn nicht magst und was es ist, das Dich an ihm in Aufruhr versetzt. Umso angstfreier Du auf und in Dich selbst blickst, desto klarer wird sich Dir die Antwort offenbaren können. Du kannst immer nur das wahrnehmen, dessen Du gewahr sein willst. In dem Maße, in dem Du Deine eigenen Schattenanteile verleugnest und fürchtest, wirst Du dem Selbstbetrug anheimfallen. Selbstbetrug ist jedoch niemals hilfreich und zielführend. Aber keine Sorge, die nächste Chance kommt bestimmt! *(Anm. der Verfasserin: Scherzhaft gesagt.)*

Dies ist immer und ausnahmslos der Fall. Alles und jedes spricht zu Dir und will Dir von Dir und über Dich erzählen und berichten, Deine Abneigungen ebenso wie Deine Vorlieben. Es gibt Menschen, die Dich schätzen, mögen und lieben. Es gibt auch solche, die das nicht tun. Nun, was immer auch sie in Dir sehen mögen, es hat weitaus mehr mit ihnen zu tun als mit Dir. Du bist des anderen Spiegel, so wie er der Deine ist. Und so reichst auch Du die helfende Hand, ob Du Dir dessen nun bewusst bist oder auch nicht. Immer geht es um die Erkenntnis der Liebe. Was, wenn nicht Liebe, könnte je von Bedeutung sein?

Die Liebe zum Selbst und die Liebe zum Nächsten gehen immer Hand in Hand, wir sprachen des Öfteren davon. Da und dort, wo Du die helfende Hand im vollen Bewusstsein der Liebe ausstreckst, da ist wahrlich alles erreicht, was es zu erreichen gibt. Durch Dein pures Sein erteilst Du einem Jeden Lebenshilfe, der Deine Lebenswege kreuzt, so wie auch er Dir Lebenshilfe erteilt.

»Wer unter Menschen nur einen Engel sucht,
der findet kaum Menschen. Wer aber unter
Menschen nur Menschen sucht,
der findet gewiss einen Engel.«
Moritz Gottlieb Saphir

17. Teil

Grußworte aus dem Licht

Auf dass es Dir wohl ergehe

Meine liebe Freundin, mein lieber Freund, die Nächstenliebe steht bei Euch allen hoch im Kurs und dies natürlich völlig zu Recht. Dass Nächstenliebe ohne Selbstliebe nicht möglich ist und zwingend von ihr abhängt, haben wir in all unseren Botschaften immer wieder ausführlich erörtert. Die Liebe zum Mitmenschen ist die erste und völlig logische Konsequenz der Selbstliebe. Sie kann gar nicht ausbleiben, denn so, wie Du Dich selbst wahrnimmst, so ist auch Dein Blick auf Deine Außenwelt.

Wer seinem eigenen Sosein tiefen Respekt und Achtung entgegenbringt, der wird dies gleichermaßen bei seinem Mitmenschen tun, denn einen anderen Maßstab als Deine Selbstwahrnehmung hast Du nicht und kannst Du niemals haben. Da und dort, wo Du Deine eigenen Stärken liebevoll umarmst, tust Du dies auch beim anderen. Wenn Du Deine eigenen Grenzen liebend umarmst, stellst Du auch an Deinen Mitmenschen keine überzogenen Ansprüche. Die Grenzen des Könnens sind immer auch die Grenzen des Seins. Wenn Du Deine Begrenzungen nicht akzeptieren kannst, dann stehen sie zwingend nicht nur Deiner Selbstliebe, sondern auch der Nächstenliebe hinderlich im Wege, denn was Du in Dir selbst nicht sehen willst, das kannst Du auch im anderen nicht ertragen.

Wenn Du Dich selbst liebst, dann segnest Du Dich, denn größeren Segen kann es niemals geben. Doch Selbstliebe ist mehr als ›nur‹ das, denn sie ist gleichermaßen Segen für Dich selbst wie für Deinen Nächsten. Ein Segen ist laut Definition das gewünschte Glück und Gedeihen dessen, was gesegnet wird. Liebe ist Segen und Segen ist Liebe. Was Du Dir selbst nicht zugestehst, wirst Du wohl kaum einem anderen wünschen. Der Segen des Himmels, der Segen Deines himmlischen Vaters folgt Dir allezeit und überall so sicher auf dem Fuße, wie Dein eigener Schatten, denn seine Liebe ist Dir auf ewig gesichert und so ist es auch sein Segen.

Wenn Du in Liebe zu Deinem Mitmenschen erglühst, dann folgt auch darauf Dein Segen unweigerlich, denn – wir sagten es – Liebe ist Segen. Liebe bleibt nie unbeantwortet und sie bleibt niemals ohne Folgen. Mit der Macht zu segnen ist Euch ein kraftvolles Werkzeug der Liebe an die Hand gegeben und wir möchten Euch an dieser Stelle dazu ermuntern und ermutigen, es jederzeit zu nutzen. Liebe ist Segnen, doch es macht einen Unterschied, ob Ihr dies bewusst zum Nutzen des geliebten Mitmenschen einsetzt oder nicht. Es verändert Gott nicht, es mag Deinen Mitmenschen vielleicht nicht ändern, doch verändert es Dich mit Sicherheit! Segnen bedeutet, das Bewusstsein der Liebe mit neuer, frischer Energie zu befüllen und somit energetisch aufzuladen. Mit jedem Segen, den Du erteilst, steigerst und erhöhst Du Dein eigenes Liebesbewusstsein und einen größeren Dienst kannst Du Dir selbst nicht erweisen.

Wenn Du segnest, dann bewegst Du die Liebe sozusagen, Du bringst sie in Bewegung und verleihst ihr neue Schubkraft. Segnen ist das sanfte Anschubsen der Liebe. *(Anm. der Verfasserin: Scherzhaft gesagt, wenn auch ernst ge-*

meint.) Segne die Natur, segne die Tiere und Pflanzen, segne die Menschen und Du tust ihnen wohl. Segne alles und jedes. Vor allem aber segne Dein eigenes Leben. Segne all das, was ist, und alles, was war, und Du wirst einen tiefen Frieden verspüren, denn im Segen liegt Heilung. Segnen ist ein machtvoller Akt der Aussöhnung, dem der Frieden immer auf dem Fuße folgt. Und so möge auch unser Segen Dich begleiten auf all Deinen Wegen.

»Zu lieben ist Segen,
geliebt zu werden Glück.«
Leo Tolstoi

Der Vorhang fällt

Mein lieber Freund, meine liebe Freundin, Dein Glück ist besiegelt! Dein Glück ist wahrlich besiegelt und das war es immer schon, seit Anbeginn der Schöpfung. Kein Geringerer als Dein himmlischer Vater selbst verbürgt sich dafür, denn in dem heiligen Augenblick, als Er Dir seinen ewigen Odem des Lebens einhauchte, da war Liebe. Wo aber Liebe ist, da sind Schicksal und Glück ein und dasselbe.

Du bist die erste Liebe Gottes.
Du bist die letzte Liebe Gottes.
Du bist die einzige Liebe Gottes.
Siehe, alles ist eins.

(Anm. der Verfasserin: Mit unvorstellbarer Liebe!
Tiefste Ergriffenheit! Absolute Stille!)

Liebe macht unsterblich, denn Liebe ist unsterblich. Liebe währt ewig. Mehr kann es für Dich, der Du immerzu Antworten und Wegweiser suchst, niemals zu wissen geben, denn dann weißt Du alles. Gottes Odem des Lebens ist der Deine und Dein Leben ist das seine.

Alles ist eins und so sind auch wir, die wir im Lichte der Einheit leben, auf ewig untrennbar mit Euch verwoben und vereint mit dem heiligen göttlichen Band tiefster Liebe. Uns, die wir im Lichte der Einheit und damit im Bewusstsein der Gegenwart Gottes leben, fehlen die Worte, um unserer Freude und Dankbarkeit gebührenden Ausdruck zu verleihen, denn die Wirklichkeit der Liebe liegt allezeit weit jenseits dessen, was in Worten gesagt werden kann.

Im Bewusstsein inniger Verbundenheit danken wir Euch. Eure nimmer endenden Bestrebungen, uns ins Licht zu folgen, legen Zeugnis ab von der Wahrheit unserer Worte. Ihr postuliert das Licht, Euer Licht, aus den Tiefen der Dunkelheit heraus und größere Ehre und tiefere Liebe kann es nicht geben. So dienen wir Euch in Liebe, so, wie Ihr uns mit der Euren dient. Ein guter Gedanke, ein winziger Liebeshauch, genügt und wir sind da! Wir sind die Gruppe um Regulus.

»Hier stehe ich,
ich kann nicht anders.
Gott helfe mir!«
Martin Luther

Nachwort

Man sprach zur Liebe: »Schreibe!«
Sie schrieb den eig'nen Namen.

Man sprach zur Liebe: »Lese!«
Sie las den eig'nen Namen.

Man sprach zur Liebe: »Rechne!«
Sie sann und sprach dann lächelnd:

»Das hab' ich nicht gelernt.«

Unbekannt

Über die Autorin

Bettina Büx, Jahrgang 1960, ist Mutter von vier erwachsenen Kindern und lebt im deutschsprachigen Grenzgebiet Ostbelgiens.

Ihr tiefstes Interesse galt schon von Kindesbeinen an den spirituellen Fragen und geistigen Hintergründen des Lebens. Bereits in jungen Jahren ›wusste‹ sie, dass es ihre Berufung ist zu schreiben und Botschaften aus der geistigen Welt zu vermitteln.

Nach vielen Umwälzungen in ihrem Privatleben und während langer, schwerer Krankheit widmete sie sich schließlich ganz den grundsätzlichen Lebensfragen. Sie hat sich schließlich, wie sie es selbst formuliert, »im wahrsten Sinne des Wortes gesundgeschrieben«, denn im Zuge ihrer schriftstellerischen Arbeit mit der geistigen Welt ist sie wider Erwarten und zu ihrer großen Freude vollständig genesen. Die wundersame Wirkung der Mitteilungen tat das Ihre und so ist es ihr gleichermaßen Bedürfnis und Berufung, die Botschaften, die sie als Geschenk von höchster Ebene betrachtet, weiterzugeben und einem breiten Publikum zugänglich zu machen. Fragen zu ihren Büchern beantwortet die Autorin gerne. Sie erreichen sie per E-Mail unter: regulus-botschaften@gmx.de.

Quellenverzeichnis

Ein Kurs in Wundern, Greuthof Verlag u. Vertrieb GmbH, Gutach i.Br. 1994, ISBN 3-923662-18-1

Das große Handbuch der Zitate von A bis Z, Bassermann Verlag in der Verlagsgruppe Random House GmbH, München 2004, ISBN 3-8094-1699-1

synonyme.woxikon.de

Zitate: *www.aphorismen.de*

Nachwort: Unbekannt; Quelle: Fliegende Blätter, humoristische deutsche Wochenschrift, 1845–1944